木瞳

在关系中成长

读懂你的人生脚本

许皓宜 / 著

北京联合出版公司
Beijing United Publishing Co.,Ltd.

图书在版编目（CIP）数据

在关系中成长 / 许皓宜著. —北京：北京联合出版公司，2017.10

ISBN 978-7-5596-0959-5

Ⅰ. ①在… Ⅱ. ①许… Ⅲ. ①人际关系—社会心理学—通俗读物 Ⅳ. ①C912.11-49

中国版本图书馆CIP数据核字（2017）第235927号

版权合同登记号 图字：01-2017-5026

在关系中成长
作　　者：许皓宜
选题策划：木晷文化
策划编辑：朱　笛
责任编辑：宋延涛
特约编辑：刘　卿
封面绘画：卷　耳
内文插图：阮筠庭
封面设计：介　桑

北京联合出版公司出版
（北京市西城区德外大街83号楼9层　100088）
北京东方宝隆印刷有限公司印刷　　新华书店经销
字数122千字　　880毫米×1230毫米　　1/32　　6.25印张
2017年10月第1版　　2017年10月第1次印刷
ISBN 978-7-5596-0959-5
定价：39.00元

目录

第二站 跨越关系中的心理情结：揪出“我们”之间的阻碍

第三站 学习信任关系：营造“我们”之间的地久天长

第四站

在关系中疗愈：从“我们”之间修复“我自己”

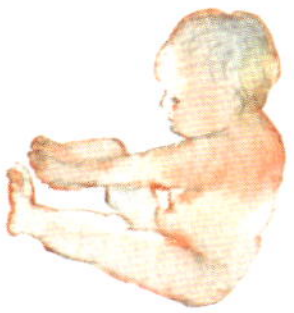

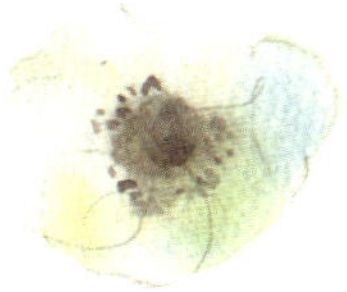

尾声

荣格思想 给人生上下半场的启发

推荐序一

“我”和“我们”，缺一不可的生命存在课题

苏绚慧
心理咨询师、作家

我们活在这世上，有两个最重要的命题，也是了解生命存在意义的根本，一是知道“我是谁”，从而发展完整真实的自我；二是能够建立与成全“有意义的关系”，让生命体会真实的情感联结及体验爱。

许皓宜博士在这本新书中，所谈的正是我们每个人都需要关注的两个人生课题。这两个课题，缺一不可，因为我们一生的方向，就是成就具有独立性的人格，然而，却不是成为一个孤立的存在者。

发展完整的人格，拥有完整的自我，并不会因此就成为孤立的一个人。如果人的生命走向越来越只关注自己、在乎自己，忽略及漠视他人，那么必然无法深刻地领悟到，人活在这世上的意义究竟为何。

因为没有活在关系里，我们就无法实现及完成存

在的意义及生命的价值。人的行为，甚至人类的许多发展，都是为了“人”而存在，也就是除了自己之外的其他人。人是属于群体生活的动物。我们的生命，从有依恋的需求开始，就需要另外一个人的存在，反馈、回应、互动、联结，以让我们体认到“我究竟是谁”“为什么我存在于此”“我和这个人的关系对我生命的意义”。

美国心理学家哈里·哈洛（Harry F. Harlow）的实验，肯定了安全感、爱、亲密关系等对人类的重要性。他以恒河小猴离开原生母亲后的行为，进行一系列研究，特别是将年幼的恒河猴单独隔离二十四个月之久，观察小猴在缺乏互动的情况下所形成的社会孤立状态，发现它们不仅产生精神错乱，也出现摇头晃脑的空洞恍神反应，并呈现出社会退缩现象，无法形成有意义的接触及沟通。

如果你的人生路上，你和你的“关系”时常让你感到失衡，也让你感到不安及失落，郑重推荐许皓宜博士的这本著作，相信能为你找回在关系中的安心感，好好地在关系中自在。

推荐序二

透过深刻对话，看见意想不到的自己

赵文滔
台北教育大学心理学系副教授

我认识的皓宜，像个亲切的长辫子姐姐，总有办法把艰深的心理学，用贴近生活的方式表达，让人对自己的处境有新的体悟。

她的学生爱死她了。学生爱她的方式之一，就是直白地向她提问——表面上听来令人啼笑皆非却在心里纠缠多时的各种疑难杂症。而她总是温柔响应，在一问一答间抽丝剥茧，让学生对自己的处境突然有一种眼眶泛泪的豁然开朗。

每个人都渴望能遇到一个像苏格拉底般循循善诱的老师，启发自己蛰伏的智慧。如果你像我一样，错失亲身坐在皓宜课堂的机会，这本书是一个补救，即使只是阅读这些直指人心深处的对话，也会让你陷入沉思。

皓宜对关系的省思，不仅仅来自她在伴侣、家庭咨询方面的专业经验，也来自这些年生活里的点滴感悟。我最喜欢的，是她在书里分享她对关系的体会：“深度关系的存在从来就不只是‘你在我身边’的概念而已，它是一种心底永恒的爱与回忆——一个酝酿全新自我的意义”“对话带来亲近”。看皓宜的书，听她分享这些年来对自己的觉察，感觉像是与一个多年不见却知你极深的好友交谈，在对话过程中逐渐认识自己。皓宜总有办法，帮助人看见还没准备好看见的自己、在关系脉络中的自己，然后透过这份看见，酝酿出新的力量。

自序

关系中无法远离的烦恼，势必有意义

某天，我和一位工作上的伙伴聊完电话，心里弥漫着一股怨气，我忍不住对身旁的另一半抱怨：“我没见过这么高傲又自以为是的人。”

另一半缓缓地抬起头、挑着眉，用一种熟悉的眼神看我——我突然意识到这是我们关系中属于“提醒”的眼神。于是我起身泡了杯茶，拿了笔在纸上乱画。片刻后，我又鬼祟地钻回另一半身边，恍然大悟似的：“你想说，她可能也认为我是个高傲又自以为是的人，对吗？”

这是“心理动力学”精彩的地方——若非我们心中已具有某样素质，我们不会在他人身上看到这样的特质。所以弗洛伊德明确地告诉我们：每个人心里，都有一个连自己都不知晓的精神世界。

这个精神世界，就是影响你外在行为、感受与思考的内在动力。

我在十多年前开始接触“心理动力学”理论，也许当时年纪尚轻，对弗洛伊德和荣格，尚有许多读不懂的地方，但这些概念依然像磁铁一般深深吸引着我。多年后，种种训练、研读与分析，不但帮助我加深对自己的觉察，也开启对他人更真实的认识。（原来心理动力学不只可以认识自己，也可以帮助父母及老师更了解自己的孩子与学生哪！）

比方说，一个年轻的孩子告诉我，他觉得老师对他说话非常委婉，让他总是不敢直接表露自我，说话也因而变得委婉。他的关注点是在“老师的委婉”上。但这么说其实并不公平，因为若把这位年轻孩子换成另一个心中没有“委婉议题”的年轻人，可能会直接跟老师说：“老师，我不太懂您的意思！您是说我这次并没有做得很好吗？”也许老师就会进一步回应：“啧，是真的不太好，这里改一改应该会不错。”

这和“先有鸡还是先有蛋”的概念一样，是彼此心中的“委婉议题”在相互激荡，我们不能武断地说这样别扭的互动是因谁而起。

这些年，我开始学习把这些体会真诚地回应给周围的朋友、同侪、学生、家人……过程中自然会产生许多冲突、误解、吐槽，但也让我慢慢找到那些自己想要真实靠近的人，过滤掉不见得合得来的朋友，并且学习用适当的表达让自己活得更自在。

荣格说，这是在成为“自己”的旅程中要摸索的路，也许还要花上一辈子。

当我这么做以来，我开始能哀悼过去曾经非常遗憾的关系，我学会让真实的自己流泪、呼唤和渴望……然后我感觉到人生中，有些人好像就这么离开了，记忆的影像却因为觉察而留在心里；有些人好像留下了，相处的觉察却让我体会到什么叫“不用紧抓不放”。

于是有一天，我居然发现自己在忙碌中好像开始拥有了发呆的能力。那是一种什么都不用做，心里却像装满了水一样的沉甸甸……好像没有任何理由，你却发现自己的嘴角竟然牵动着一抹微笑。（咦，莫非是白日梦的傻笑？）

说真的，我变得懒惰了。

但却比先前又快乐了一点点。

一种缓慢的情感逐渐攀爬上心口，停驻下来。

是的，这是懂得自己的力量……

这些日子来，欣见阿德勒的“自我心理学”几乎引领了亚洲人心灵改造的运动。如果你也同样是对心

理学有兴趣的一员，就不能不知道弗洛伊德和荣格所发展出来的“心理动力学”（也称为精神分析、精神动力学。加上后续发展的相关理论，我更喜欢统称它们为“心理动力学”）。

如果说阿德勒心理学在教我们如何在人际关系中远离烦恼、好好生活，那么心理动力学则是在告诉我们，那些人际关系中无法远离的烦恼，势必有它的意义——甚至，是迈向真实自己、创造人生蜕变的契机。

“知道，但做不到”是我们许多人的困扰。

欢迎你泡杯咖啡坐下来，在接下来每一个心理动力的故事与对话里，与我一同发现自己，也重新认识你周围的每一个人、每一段关系。

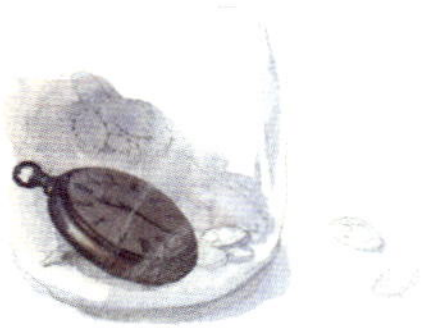

第一站

独立还是群聚：从“我”找到“我们”

人生来孤独吗

与人建立关系，是生命中最重要的本能。
——费尔本恩

“为什么我们一定要和别人在一起呢？”

提出这个问题的，是一位总是坐在教室外上课的学生。即使教室并没有满到挤不下，他也总是要费功夫地将教室里的椅子搬到走廊，静静地坐下来，隔着玻璃聆听教室里的声音，我的声音。

每次下课的时候，他会用各种形式留下他的上课心得，有时是一幅画，有时是一片雕刻，还有一次，他留下了一张烧出破洞的白纸。

“所以，为什么我们一定要和别人在一起呢？”一次下课，他交上心得时这么问，“人不是生来孤独吗？”

“这世界没有规定我们一定要和别人在一起，或一定不要和别人在一起吧？”我说。

“是没错。但是你看，老师上课要分组，分组就是要我们和别人在一起。选同一门课的人要在同一间教室，这也是要我们和别人在一起，而这统统都违反‘人生来孤独’的法则。”

“如果你不曾和人在一起，又怎么能体会到人生有这样的法则？”

“所以你的意思是，我们和别人在一起，是为了体验孤独的存在？”

我不置可否。

“老师，你曾经感受过孤独吗？”他问，眼里闪烁着认真。

我回想我自己。

第一次体验到孤独，大约是小学低年级的时候。某个周日，邻居友伴相约一同玩捉迷藏，台南市区那条静巷的几幢屋子，就成了我们躲藏身影的偌大城堡。

我和一个同龄的小女孩牵着手，找到城堡隐秘的一角，那是一个装有神秘镜子的白色衣柜，打开穿衣镜后，露出塞下两个身影绰绰有余的方格体，我和她一人一边躲了进去，任捉鬼的嬉笑声在外头响起，没有人找得到属于我们的这个神秘角落。

角落里，黑暗的空间只有一道白色亮光从柜子的缝隙透进来，我的呼吸对应着她的呼吸，我和她的瞳孔相互凝视，嘴角扬起默契的笑容。

不知道多长时间过去了，柜子里的亮光从日头正中的闪白转为傍晚的昏黄，远处一个呼唤的声音逐渐靠近：“你在哪里啊？回家啰！”

小女孩细声地告诉我：“那是我姐姐，我要回家了。拜拜。”她打开柜子的门，弯着腰将双脚落在地面上，然后对我挥挥手，再小心地帮我将柜门关上。

我一边听着她远去的脚步声，心里好像被那个“姐姐来找我”的信念下了蛊，环抱着身子坐在里头想着：“哪个姐姐也来找我啊！”完全忘了自己没有兄弟姐妹。

于是，在念着“姐姐”的呓语下，我在柜子里睡着了。不知道睡了多久，也不知道怎么出来的，隔天被父母找到后，被臭骂了一顿。

“听起来挺惨的。”听完我的孤独经验，他说。

“如果你说‘人生而孤独’，又怎么会觉得这挺惨的呢？”我问。

“毕竟，被人忽略，应该相当不好受，非常孤单吧！”

“你说对了，当我第一次想起这件事情的时候，我觉得自己在小女孩说再见的那一刻，深深有种被人抛下的感觉，我发现自己没有姐姐，我非常孤单。”

他点头。

“但是，许多年后，我再度回想当时的经验，我发现是我自己选择了不跟她一起踏出衣柜。其实，我可以跟她一起跨出衣柜回家找妈妈，那我就不孤单了，对吧？”

“所以是你选择了孤单？”他问。

“不，我是选择了孤独。孤单在我的解读里，是一种比较被迫的、不舒服的感觉。你可以说我那时候在闹别扭，但也可以说，或许是我第一次体会到在那种孩童游戏中，我注定要一个人，所以我选择在那衣柜里体会这种‘独自’的感觉。我是自愿的，没有人强迫我。”

“你那时不会害怕吗？”

“我没有办法回答你，因为我很难回到当时的样子。但是我后来睡着了，睡着是放松之后才会做的事，对吧？”

“你也有可能是哭到睡着的。”

“也许，但是那时候的我的选择，让现在的我理解孤独的含义，是一种自己可以选择的自主性，而且如果没有那个小女孩和她的姐姐，我就不会有这种理解。”

“所以你的意思是说，我们和人在一起，是为了理解孤独？”

“我不能反对你这句话，但我更想说的是，也许是理解孤独，也许是享受孤独。”

“享受孤独？”

“是。如果你没有享受‘不和人在一起’，或者还在坚持‘不和人在一起’，我就会说，你那叫‘孤单’，不是‘孤独’。”

“没有享受‘不和人在一起’是‘孤单’，我可以懂，但为什么坚持‘不和人在一起’也是‘孤单’？”

“因为当你真正享受‘孤独’的时候，你应该是自由的，怎么还会坚持‘要和人在一起’或者‘不和人在一起’呢？”

“是。”他笑了。

下周我见到这位学生的时候，他没有再将椅子搬去走廊。他上课迟到了，但是他加入了我们课程中的团体活动。

那天下课时，他给我留了一张纸条，上面写着：

“‘孤独’是成为一个身为‘个体’的人，而不是成为一个‘不需要他人’的‘个体’。后者，是‘孤单’。”

人与人之间的“偶然撞遇”，让彼此更贴近自己

荣格学派的心理学家有一个比喻：每个人的心里，都住着一个“孤独的猎手”（瞧，和“孤单的猎手”是不是非常不一样？），等待有一天“偶然撞遇”一件珍贵的宝物[①]。

过去，心理学用这个概念来谈论“爱情”。然而，这位学生之

① 见《与狼共奔的女人》，第五章《狩猎：当心成为孤独猎手的时候》，克拉利萨·品卡罗·埃斯蒂斯著。

于我，以及我之于他，却是在一个不经意的瞬间，“偶然撞遇”了彼此对“孤独”的见解，于是我们逐渐各自有一些体会，产生一些转变。可见，“孤独的猎手”不只是在等待爱情，这世界上还有许多偶然的“人我关系”值得期待。

所以，即便人生来孤独，却不能没有伴。每一次人我之间的“偶然撞遇”，都让我们更深刻地贴近与了解自己。

人际关系的本质

寻找真挚永恒的亲密关系，其实就是寻找自我。
——克里斯多福·孟

人我之间的偶遇，每天都在发生，能够被我们觉察且保留下来的却寥寥无几。事实上，正因为我们没有好好觉察那些关系中愉快的，或令人反胃的感受，我们才无法认识到：其实世界上每一种相遇都有独特的意义。

开启人我关系的觉察，首先要对自己的内心世界有个基本的认识。

内心舞台的主角与配角

想象一下，我们每个人的内心世界都有一个舞台。

聚光灯打下去，“主角”浮现出来，那是你心底最私密的自己，是你一切情感与回忆的整合。

请将你内心的灯再打亮一点，让主角在舞台的空间里自由地走，随着光线遇到其他的角色——这些环绕主角而存在的“配角”，每一个舞台上的人事物，都被“主角”投注了爱或恨的力量。

内在世界的本质，基本上就是这种“主配关系”[①]的想象。“主角”遇上“配角”后该激荡出什么样的故事？早被一种虚构的欲望与逻辑控制着。

带着这些逻辑，我们遇上现实环境中的人事物，用或快或慢的速度，将内心的情感不断丢出去。我们丢出了爱，也丢出了恨，还有爱恨交织的组合。

于是那些现实生活中我们在意的人，便是被我们扯进内心舞台，“共同演出”内心戏的人。

导演是谁？是你。

脚本怎么来的？你的想法，你的幻想，还有你内心深处古老的记忆。

结局会怎样？

一切都是你决定的。

你是你内心世界的主角，而我是我的。

---

① 弗洛伊德在著作《性学三论》中，用“客体”（object）这个名词（相对于人的“主体”而命名）来指代一些被我们内在所赋予情感的对象，比如说一个人、一件物品、一个幻想或是一个念头。我们和客体之间的关系及所投注的情感，建构了内心世界对现实人际关系的想象。本书所指的“主配关系”，即描述自“客体关系理论”的部分概念。

我们同样都拥有决定人际关系的能力。

与人隔离后，我们什么也不是

有些人可能会想，既然我们内心世界就自有一个涵盖主角、配角的舞台，何不让一切停留在内心世界，不要去外在环境和实际的角色互动，以免受挫呢？

第二次世界大战之后，就有科学家做了隔离实验，以期发现人与环境完全阻隔后，内在心智会出现什么状况。

首先，科学家召集了一批志愿者，让他们进入注满温水的容器中，头上戴着维持呼吸的头盔，以维持生命功能。容器使用精密的材质与外界完全隔离，这些住在温水里的志愿者，将听不到、看不到、感觉不到周围环境的任何声音影像，甚至连自己制造出来的震动声响也全无感知。

猜猜看，如果是你住在温水里，你会感知到什么？

实验之前，科学家想象这种完全隔离的感觉，应该可以让人免去周围环境的干扰，更清明地回到自己的内心世界，产生清楚的自我独立感。

没想到，这些住过温水隔离容器的志愿者，却报告说在那里面是一种完全混淆时空的感觉，你会完全搞不清楚自己和他人、幻想和现实。如果你梦到自己曾经受过虐待，你将搞不清楚这是真实发生过还是你的想象；倘若日月星辰进入你的梦境，你将觉得自己置身于外层空间，搞不清楚今夕是何夕。

时空，过去，回忆……一切仿佛都在此时此刻存在，但如此混乱的感觉又让一切都变得不再重要了，你甚至不知道，何时才是没有明天的未来。

人变得容易接受指令，容易被任何刺激洗脑，心智濒临崩溃。仿佛回到子宫中，还未降临世界的那个起源。一个没有人我界限的世界。

与现实环境及他人隔离后，别人并没有因此消失，心里所在意的角色还是鲜明地活在那里，但那些角色之间会发生什么，却再也没有可以验证与突破的意义。

与人隔离后，我变得什么也不是，不再有新的创造力与可能性。

希腊小说《钱已汇入你的户头》描写了类似的隔离状态——即便不用进入如此精密的温水实验，人在隔离中一样能经历令人难以想象的折磨。

成天沉浸在电玩世界，没有被限制活动的人们也是如此。当你长时间与电玩中的幻想情境共处，即使你可以自由离开那个情境，也可能分不清幻想和现实的差异。

于是这样的事情发生了：脱衣电玩的玩家上街买东西吃，却分不清自己已不在游戏情境，动手摸了街上女孩的身体；在电玩游戏中被赋予超能力的青少年，以为自己真的会飞，从一栋楼的屋顶往旁边的楼房一跳，却从空中掉了下来……

与人在现实中互动，我们才成为自己

如果要做一个调查：你喜欢自己一个人，还是和别人在一起？

我一定会第一个举手赞成独处。

如果接着问原因，我想许多人会说出这样的答案：一个人比较自在，和人在一起比较麻烦。

直到这几年我才发现，并不是这样的——真正自在的人，和人在一起一样自在。

这些人不在少数。他们不是因把旁人当成不存在而感到自在，而是即使与人相处，也能充分感知自己。

他们愿意去体会自己此时此刻对人的感受，并且愿意承认，甚至表达。

表达，通常带来响应，就像照镜子一样，使你更认识自己，然后，帮你建立一段能够成为自己的关系。

如果有些关系需要伪装

在心里的孩子，扮大人的样子，
一开始有意思，后来双眼总潮湿。
在心里的孩子，盼谁来讲故事，
让不安失望，暂时静止。
——《心里的孩子》[①]

“对我来讲，跟人相处是一种很大的压力，我想要完全离开现在的生活，到一个新的地方重新开始。”

一场讲座过后，一头长发微卷的女孩来到我耳边轻声说。

那是一场主题为“人际关系”的讲座，借用心理学家荣格的理论，谈到我们在成长过程中，会将自己对于社会集体认同的每个片段组合起来，形成一幅自己呈现在外的模样，荣格将这种呈现称为“人格面具”。如果我们没能发现这种“面具”的存在，就很难呼唤出内在的真我。

① 台湾地区歌曲，姚若龙作词，刘子乐作曲，梁文音演唱。

而成为真正的自己，总是许多心理学家公认重要的事。

“我觉得自己就活在这种面具底下，好像天天在开化装舞会一样，累死了。”长发女孩说，“我压力好大，常常在讲话以后，又得不断反省这样说有没有不对，要跟人建立关系真的好累。我想把所有东西都放下，到一个新的地方，让自己沉淀一下，再重新开始。”

“如果你已经决定，又为何来问我呢？”我说。

“嗯……我想听听你的意见。”

“我觉得你是一个敏感的人。”

“是，你说得没错。所以我离开比较好，对吗？”

“这跟你离不离开有什么关系呢？我要说的是，如果你是一个敏感的人，你到什么地方都会这么敏感，不是吗？”

“是没错……但是，起码离开可以让我沉淀一下，我想知道自己是怎么了，这样生活真的很累。”她发出苦恼而略微颤抖的声音。

“你似乎认定戴着‘面具’生活是一件不好的事？”

“难道不是吗？”

“‘面具’是我们从小对外界认同的一种累积，它其实有个很大的功能——帮我们适应这个社会。”

“可是它让我痛苦，让我不像我。”

“所以你知道‘你自己’是怎样的？”

“我不知道，所以我才要离开去寻找，但起码我知道我不是现在这个样子。”

“你说得真好，所以正因为你发现自己有‘面具’，才会让你想去找‘面具下的样子’，是吗？”

她停下来想了想：“是。”

“你似乎知道自己痛苦的来源在哪里？”我说。

“是我周遭的人，所以我才想要躲开他们。”

“很可惜，‘面具’是你戴在脸上的，即使你躲开了他们，遇到了新的人，你还是带着一样的问题，面对一样的痛苦。”

“为什么？没准我躲开他们，就可以好好想想。”

“如果你真的已经决定要好好想想，为什么又一定要躲开他们？”

“因为他们会干扰我的思考。”

“通常会被某些人干扰，缘于我们在乎这些人，不然我们大可不管。”

“是。因为在乎，所以害怕，我怕自己应付不了他们。”

“你怕什么呢？”

“我怕拆掉面具，会让他们失望。”

“面具是要‘分解’的，不是用拆的。”

“你是说？”

“‘分解’就是慢慢来、一步一步的意思。等你深刻地认识自己在社会上扮演的样子，才能决定你要或不要继续下去，也许你那时不会想要拆掉‘面具’，而想要‘半掩着’。毕竟我们不需要在任何人面前都如此透明。”

“哈哈。”她笑着说，“谢谢你，我想我有点知道自己怕什么了。”

“什么呢？”

“我怕我爱的人看见真正的我，会感到失望。”

“意思是，你已经有点知道真正的你是什么样子了？”

“也许是吧！但我不敢在我爱的人面前表现出来。”

“所以，你要到一个新的地方，找一些你比较不爱的人，练习表现那些比较真实的反应后，再回来找这些你爱的人？”

“听起来怎么有点好笑？”

“呵呵。我是怕你‘沉淀’太久，等回到故乡才发现物是人非。”

真实的自己，不见得是你想象的那样

我们在谈的问题，和内在心智系统的运作有关。

每个人的心理结构，都有三种“我”：

第一是“随心所欲的我”。

第二是“应该怎样的我”。

第三则是“调节上面这两者的我”。因为第一个“我”和第二个“我”通常不和。

年轻的时候，我们常常误以为“随心所欲的我”叫作“真正的我”，于是像这个长发女孩一样，被困在“应该怎样的我”，没办法“做自己”的处境里。不能说像在坐牢，但别扭、憋闷的感觉，总是少不了。

直到年岁慢慢增长，我们学习走入自己内在更深了，才会发现：事实上，那个“随心所欲的我”并不是我们认为的“自己”；能够驾驭与联结“随心所欲的我”和“应该怎样的我”的第三个“我”，才有资格称为“真正的自己”。

所以心理学家给第三个“我”起了个名字，叫作“自我”[①]。

也就是说，所谓“做真正的自己”，指的并不是“抛掉你的面具”，而是当我们分解、认识了“面具”中与自己有关的细微元素后，我们还原了心灵深处真实的需要，还原了真实的“随心所欲”。

比如说，如果你一遇到人就觉得自己应该要和颜悦色、微笑以对，当你心情不好时，可能还会为自己勉强对别人露出灿烂微笑而感到苦恼。你或许以为“和颜悦色、微笑以对”的“我”是“被要求应该要如此的我”，是一种面具；“想要臭脸的我”才是真正“随心所欲的我”。于是你被“不能真实摆出臭脸”的感受困住，感到懊恼、言不由衷，觉得自己假得想吐……

然而，当静下来时，问问自己：“和颜悦色、微笑以对”代表

---

① 在弗洛伊德的理论中，人格结构由三个部分组成：本我（id）、自我（ego）、超我（superego）。其中“本我”包含了各种本能和欲望；“超我”则时常批判和限制“本我”，以避免做出违反社会道德的事情；“自我”发挥其中的调节功能，依照现实原则来判断如何合理满足需要。弗洛伊德理论研究最深之处在于三者运作时所产生的“心理焦虑”；“自我启发之父”阿德勒对“自我”的功能有更多探究；荣格则以“自我”为“意识”的中心，进一步深入探讨个人与集体潜意识。

的是什么？

你可能会发现，那是因为你“不想得罪别人”，甚至“渴望接近别人”。

如果这种“不想”与“渴望”凌驾了“摆臭脸”的需要，你又何苦一定要“真实摆出臭脸”呢？

“臭脸”，真的是“真实”吗？

还没搞清楚之前，不要太快判断什么是“真实的自己”。

这是一条好长的路，是一段扎扎实实从内在提炼智慧的过程。

然而，当你开始分解自己的“面具”，你在人际关系中将不只感觉到某些“感受”，还会看到那些“感受”所代表的意义、所暗藏的渴望——这才是我们如何踏出未来脚步的真实参考。

情结起作用时，会把人逼到情绪死角加以霸凌。
——默里·斯坦

人从哪里来？

从生物学的角度，这肯定是个笨问题！人当然是从女人的肚子里来。

那么，人格从哪里来呢？

从心理学的角度，则有个说法，人格从人与人之间的“精神联结”[1]而来。

---

① 出自精神动力取向治疗师吉尔·萨夫（Jill Savege Scharff）的描述：每个人都诞生于联结之中，并且在联结中生活，人际间的内容成为精神内部的内容，精神内部的内容成为人际间的内容。（Each person is born into and lives in links. What is interpersonal becomes intrapsychic, what is intrapsychic becomes interpersonal.）

男人和女人结合，诞下一个孩子。男人与女人之间产生了一种关系，一种心智上的相互影响，一种精神上的相互联结。接着他们用这种关系去养育诞下的孩子，他们相互联结的精神内涵也跟着传递下去——以各种有形与无形的方式。

举个例子来说，早年的台湾地区，老年人的自杀率很令人担忧。在南部的农村，有些久病厌世的老人家，开着自家犁田用的车，趁夜半清晨无人的时候，直直开往水田里，在耕耘一辈子的土地上结束生命。

这些有关死亡、失踪、离婚又离家的事件，常常是家庭，甚至整个村庄的居民不能说的秘密。即便如此，那些说不出口、不方便说，却又是大家一同共享的往事，就用一种迂回的方式传递给后代。例如：乡村开始成立守望相助自治队，变得特别重视健康、研究养生，或者流传夜半绝对不能出门，哪条小径有野鬼出没的传说。

日子久了，子孙可能不再听说那些旧闻逸事，但某些想法与印象，却像真理一样被保存下来。

这是一种精神联结，已经传了好几代，却不再有人记得原委。为何大家要信奉这样的规则与规定？

走不出的悲伤，误导我们的人生

一位现年四十多岁的中年妇人，在家排行老四，上有三个姐姐，下有一个弟弟。看到这样的家庭，我们很快可以想象到，在她所属的那个重男轻女的年代，她的母亲也许是付出相当大的努力，才在连续生育四个女儿后盼到一个儿子。

果然，妇人心里最大的委屈，是父母将家庭里所有的资源和心力，都给了家里唯一的男孩。虽然其他姐姐都默默承受，她却像承接了家族里所有女孩的不满，一股脑儿地对父亲的偏心感到愤怒不平，却又极尽所能渴求一家之主的父亲能多给她一点关爱。

她原本是一个非常有能力的女性，但为了感受到自己可以被别人关爱，她把自己的能力无限缩小，用一种相当无能的方式向他人索求。她不断生病，不断被雇主解聘，以至于生活所需都要仰赖社会福利的供给。

她遇到了一位相爱的男人，但不相信对方会为她付出金钱与关爱，所以不愿意走入婚姻，以免哪天被抛弃。她为男人生下一个男孩和一个女孩，但却没办法好好关爱自己的儿子。她把女儿养得白白胖胖，儿子却像个营养不良的小大人，反过头来得照顾母亲。

她没办法走出早先的精神联结，被困在重男轻女的规则里，诅咒了自己的未来，也捆绑了自己的下一代。

于是她内心的舞台就这样演着：一个千古不变的怨妇，周围环绕着拥有无上权力却不愿给她资源的男性。男人和女人之间永远横亘着一个无法跨越的情结：有了男人，就要牺牲女人，所以女人永远要知道如何恨男人。

就像她如此恨着自己的儿子，却不愿承认充满母性的她又是如此爱着自己的儿子。

这是过去情结，一种卡住我们情感流动的心结，最令人担忧的是，你可能很难意识到它的存在，不知不觉被它操控。它可能来自原生家庭，也可能来自代代相传的社会文化。它扼杀了我们心理上的自由，让我们误以为自己的人生没有选择。

每个人都有健康的部分和神经质的部分，现实的部分和幻想的部分，现在的部分和过去的部分。所以我们是成人也是孩童，保有孩童想要亲近父母的部分，以及父母想要亲近孩童的情感。

我们期盼自己能够照顾别人，却又渴望被人关爱。这些矛盾并存于内在的感受，在我们遇到不同人的不同时刻，反反复复发生。

矛盾的感觉很难受，却是一种常态。如果你只想活在健康、现实和现在，可能还需要压抑某部分的自己；同样地，如果你只活在神经质、幻想和过去，就不会知道自己其实有从过去情结走出来的能力。

如果我们只选择活在其中一边，不但失去了弹性，也失去联结不同部分自己的起伏与美好。而这同时也是人际关系的功能。

人际关系本身，就是一种寻找外在对象来满足内在基本需要的过程。当我们越能与人产生联结，就越能对自己的过去情结有所认识。

从你遇到他人的那一刻开始，你就会有感受。那是感官接收到的，唤醒你内在心智的一切。我们所要做的，就是去觉察那些感受。当感受有所觉察，它就成为能够被你体验到的情感。

于是你会发现，感受原来不只是感受而已，就像痛苦也绝不只是痛苦本身。那里头有亟待我们揭晓的秘密——带你发现生命意义的秘密。

人际关系能超越过去

在爱的行为中，我找到了自己，我发现了自己，
我发现了我们两个人，我发现了人。
——弗洛姆

当你越能体会与觉察自己的感受时，就越能抓到过去情结反映出来的影子。

事实上，当你心底的情结变成可以被意识到的“鬼影子”时，就有机会练习“抓鬼”，甚至打败它！

长久以来，我感觉到自己心头有一个“鬼影子”。它很难用语言形容，但“它”的具体表现是：我知道自己怕黑、怕鬼。一直到上高中之后，我都已经是个“准大人”了，独自在家的时候，还是可能被窗外的风声吓得躲到棉被里发抖。

小时候，我对抗内心“鬼影子”的方法是“找玩伴”。家里

没有兄弟姐妹，父母忙，我就参加学校的夜间辅导，晚上九点多下课之后再跟同学去K书中心。你以为我们真有好好念书吗？怎么可能！我们往往是到邻近的红茶店、台球厅，吃喝玩乐，聊天到午夜十二点前，才赶紧回到K书的小方格里，等待父母来接我们这些“辛勤念书、深夜晚归”的孩子。（真是家庭生存的小把戏啊！）

我当了老师之后，曾经把这种蒙骗父母的现象，解读为“青春期的解放与叛逆”。直到这几年，对心理动力学有更多了解，我才发现：成年后所出现的种种“脱序行为”（一种不同于以往的行为，一般都说成“叛逆行为”），或许都是为了对抗藏在心底的“鬼影子”。

且让我给这个“鬼影子”一个心理学的说法，容我把这种从过去情结提取出来的情感，称为“心灵杂质”。

来看一个真实的故事，也许你会更清楚。

火锅店里，一对男女坐下来点餐。女生点餐后去了洗手间，男生到酱料台舀了两碗撒上葱花的沙茶酱，回到座位上，一人一碗。

女生从厕所回来之后，看到桌上摆着的沙茶酱，非但没有感谢男友的贴心，反而发火说：“为什么要帮我拿沙茶酱？我不是跟你说我在减肥吗！”

只见那男生默默地把女生眼前的沙茶酱拿过来，倒进自己碗里。

火锅汤头来了，男生夹起盘子里肥嫩的牛肉，在翻滚的锅里清涮几下，保持最鲜美的滋味，却不急着放入口中，反而夹到女伴的碗里。

“来，趁热吃。”话里充满爱意。

女生脸上迅速闪过不悦，压抑不住抬高的音量说：“我明明就点蔬菜锅，你为什么要给我肉呢？”

“我就是看你没肉，才夹肉给你吃啊！”男生无辜地说。

“我不是跟你说我在减肥吗！”

“好嘛！不然吃这个。”男生连忙把肉夹回自己的碗，改夹一颗蛤蜊放进女生的碗里。

“你可不可以不要那么啰唆啊！我在减肥！”女生大喊。

“我只是觉得，比起你的身材，我更在意你吃东西的快乐。”男生终于放下筷子，对女生说。

沉默半晌。女生嘴里缓缓吐出几个字：“如果是我爸，就会说我吃太多了，不懂得节制。”

男生听到这话，只见他突然握住女生的手，说：“只要没有胖到一百公斤，在我眼里，你永远都是我最亲爱的小宝贝。”

女生反握住男生的手，认真地问：“如果我胖到超过一百公斤呢？”

“那就是我的大宝贝。”思考一会儿，男生说，“只是，那时你就真的要注意健康了。”

我和朋友坐在他们旁边，见证了这个故事的结局：女生后来忍不住点了更多菜，而坐在旁边的我们，也不知不觉地越吃越多……

在这个故事里，你看到何谓“心灵杂质”了吗？

“心灵杂质”是女生心里那些“如果是我爸，就会怎样怎样”的内在想法，也就是我们先前提到的“鬼影子”。带着“鬼影子”生活，我们对事情会怎样发生与进行，便有一种不合理的主观预期和想象，干扰我们与人建立此时此刻的关系。

但也因为男生用一种偏离女生主观预期的方式来包容这些“心灵杂质”，没有因为女生的不领情而生气，反倒是锲而不舍地拼命夹菜，才进一步唤出女生内在“心灵杂质”（如果是我爸，就会说我吃太多了）的意识层面，并且用语言表达出来。最后他扭转了“吃东西要节制”的压抑，开创了不同以往、充满欢乐的用餐时光。

这种具有包容力及感染力的关系（看！连坐旁边的我们都忍不住欢乐地点更多菜了），则是一种具有疗愈性的关系。

每个人的心灵都存在着这样的杂质，在成长中的任何时刻，随着记忆悄悄地沾染上我们的心灵。

如同我的“偏爱热闹”，是为了对抗心头不知名的“鬼影子”。当鬼影子总是“无名”的时候，我的“偏爱”也就无法控制，为了热闹，即使牺牲课业也在所不惜。那是因为我从来不知道也没想过自己究竟在怕什么，我只知道要如何抵御自己的害怕。

直到有一天，我和一个男人订了婚，搬进一间三十年的老公寓，两室一厅的顶楼加盖里。那是我进入婚姻后建立的第一个“家”。印象中，是我在网络上搜寻好久，在有限预算内，好不容易才租到的房子。

我和他亲手搬了几桶油漆，从四面墙到天花板，攀着借来的铁梯子粉刷对于“家庭”的梦想。没想到粉刷之后，因为太过操劳，两人居然同时发高烧，半夜被送急诊。

在来来往往的病患中，我们分别躺在两张不同的病床上，顶着四十度的体温，忍不住握着对方的手，大笑。

紧接着，他去当兵，我一个人住进粉刷后的新家，那是一个有着漆黑大平台（阳台没有灯），需要徒步走上六层阴暗楼梯的家。

那年我二十三岁，第一次自己一个人住在外面，一个陌生的地方，而且条件完全符合我“怕黑”的“鬼影子”。

但说也奇怪，他去当兵的那些日子里，我一个人爬上楼梯，打开连接黑暗平台的大门，坐在客厅看电视时，正对着的就是窗外那片黑暗。

但我的心灵，却有一种不再颤抖的平静。事实上，如果不是因为进入自我分析，我根本没有注意到，我家的阳台没有灯，而且窗子正对着风声敲打的北方。

等我注意到这点时，我心里的“鬼影子”已经消失了，我变得不怕黑，也不怕鬼。直到慢慢去分解它，我才终于知道，那个常年绑住我的“鬼影子”，其实是心里被压抑的孤单与不安。

而解放我心头鬼影的，是逐渐被填入心底的“爱”。

透过他，我终于开始学习感受他人的关爱，以及我可以给别人的爱。

然后我慢慢学习，给别人爱的同时也愿意给自己关爱。

但我也承认我还在学习，学习这个给自己永恒的爱的课题。

回到“原初心灵”的自己

“你要透过分析你的态度，来发现那些压抑你真实心灵运作的个人议题，这些压抑里头带有大量的杂质，你要把这些混合的杂质分开，才看得到原初心灵的自己。”心理学家荣格如是说。

我所分解出的原初心灵的自己，是爱。

两个生命的结合本身就是魔法。
——克拉利萨·品卡罗·埃斯蒂斯

每当听到有人说“唉！我的人际关系不好”，心里总会有所困惑。第一个想起的问题是：怎样叫作人际关系好呢？

所有的“不好”，总是与“好”相对而言。当我们形容好或不好的同时，心里已经有一把既定的量尺，并且将自己的处境摆放在某一个刻度的位置上。当我们无法形容这把量尺的形态与标准，就很难辨别自己期待、要求、在意的，如何影响我们经验、感知、解读到的人际关系。因此我们在人际关系中就会是一团迷雾，只知道哪里不对劲，却不明了实际发生了什么事情，仅凭一种厌恶和喜好来定义自己是否擅长经营关系，容易被感受奴役。

于是当有人提起人我关系的议题时，我总想先问：你想和人建立什么样的关系呢?

如果有一个人，看起来相当善于与人自在交谈，认识的人似乎也对他夸赞有加——他可能会被形容成“人际关系不错的人”。

但这个人却说他有这样的烦恼：要同时应付许多人的要求，要花许多时间在交际、帮别人解决问题上……他可能很羡慕那些看似孤僻的人，可以置身清幽、不被打扰。

这种人际的联结对他而言，其实是一种“非真性情感”的存在，不太能带来实质滋养的意义。

这也是一种人际之间的“水平关系”：与人联结相当多，但通常每一段联结之间的意义并没有被仔细理解，所以我们常常觉得需要花心力去给予、付出，因为很少有时间好好整理这些关系对自己的意义。

善于营造水平关系的人，一般会被形容成“人脉很广”，对学业、工作、事业当然有所帮助。然而，我们很难单纯因为水平关系的存在，就打从心里感到满足。

如果有另外一个人，看起来不易与人相处，大家也都不太喜欢靠近他——他可能会被形容成“孤僻的人”。

这种人建立“水平关系”的能力似乎不太好，但他却不见得过得不好、过得不快乐。仔细了解，可能会发现他其实有一个永远可以腻在一起的密友或爱人。噢！而且他会说这种“腻”不是形影不离的意思，是不管相隔多少时空和距离，对彼此而言都是一种心有灵犀的存在。这是一种“深度关系”，在此之中，你甚至觉得这样的关系扩大了自己的灵魂。

如果说，“水平关系”是一种“相互关联”，那么“深度关系”就是“相互关联”再加上“相互了解”。这是“我和你”相互间的双向活动：透过你，我更了解自己，我内在灵魂的能量被扩大；或者透过认识你，我更了解不同于自己的存在，我的内在开启了新的创造、灵感与知识，产生被滋养的喜悦。最重要的是，我很清楚地理解，建立这些关系对我而言有什么样的意义。

在谈建立人际关系之前，也许要先想一想：你心中所期盼的“好的人际关系”是哪一种?

这关乎你是什么样的人，你处在什么样的环境背景，以及你的渴望和对自己的定位。

大部分觉得自己人际关系失败的人，往往是因为没有想清楚自己的期盼，就胡乱给自己下了定义。因为要建立什么样的关系，本就是我们可以选择的。

你可以选择自己想要的关系

“老师，不是这样吧？您说要什么样的关系是我们可以选择的，我认为您是低估了‘失败’的概率。”人际关系的课堂上，有人提出了这样的质疑。

“噢，你指的‘失败’是什么呢？”我问。

“比如说，我很想跟别人联结，当个受欢迎的人，照您的说法，就是创造‘水平关系’，对吧！但我可能完全做不到，因为别人不想跟我联结，或因为一些奇怪的理由不喜欢我。”他说。

“噢，是这样吗？如果照你刚才讲的‘概率’，你不太可能完全做不到，就算有某些人不想跟你联结，可能是因为你们个性、背景的联结性本来就不强，但你还是可以找到其他适合与你联结的人。”

“不一定吧！有可能我长得很丑，一点吸引人的地方都没有。”他又说。

“如果是这样的话，想必你是把自己的情感投射[①]在别人身上，你想控制他，让他认同你是个长得很丑又没有吸引力的人。”

“什么？我怎么可能这么做！”

“因为美丑本身是你自己界定的，就像如果我跟你说，你长得一点也不丑，你根本不会相信，甚至觉得我在说客套话。同样，如果我觉得我跟你已经有水平联结，但你不相信自己可以跟别人有联结，一切不就只是我在自作多情而已吗？”

---

① “投射”（projection）是弗洛伊德提出的概念，指的是将自己意识上不愿意承认与接受的想法、冲动和欲望，抛到别人身上，以降低内心的紧张和焦虑。

“这……”

“除非你选择要和别人产生联结，否则没有人逼你这么做。”

“这……好吧！那‘深度关系’又怎么说呢？我承认‘扩大灵魂’确实是一个很令人向往的境界，但不是每个人都可以做到吧！”他话锋一转。

“那你有没有过这种感觉呢？就是一种了解别人，或被人了解的感觉。”我问。

“嗯……算有吧！但都过去了。”他想了一会儿说，“所以深度关系是一种不切实际的幻想，我觉得。”

“我不懂，你已经说是曾经存在，怎么又说是幻想，莫非是在梦中发生的？”

“呵呵，当然不是，只是对我来说，那很短暂。”

“所以你指的是长久的深度关系。”

“可以这么说。”

“创造长久的深度关系是另外一个议题，但既然你曾经拥有，可见存在创造深度关系的能力。”

“是的，但这不会是我可以选择的吧？”

“怎么说？”

“这需要天时、地利、人和，对的人、对的时间、对的情境。”

“哈，你规矩真多。关系不都是随心所欲的吗？”

“是没错，但很容易失败吧！”

“想来，过去一定有一些失败经验让你耿耿于怀？”

“那倒是。”

“所以也许你不是不可以选择，是不敢，或不愿意再选择。你被失败卡住了。”

“我不能否认这点。”

“那么，你可能还没有真正了解我所说的‘深度关系’。”

“您请说。”

“我刚刚说，深度关系有两种：一是更了解‘我自己’，一是更了解‘不同于自己的存在’，对吧？”

“是的，我的笔记上的确这么记着。”

“一个共通点就是我们确实整理过这段关系对我而言的意义。也就是说，当你了解‘失败如何卡住你’‘你为何耿耿于怀’，那段失败的深度关系就在你心里被保留下来了。”

“我了解啊！我之前的关系会失败是因为我太‘任性’了，我就是对那时候自己那么任性感到耿耿于怀啊！”

“我认为你了解的是‘为何失败’，所以你现在只是想‘甩开任性’而已。真正的深度关系，是透过你在关系中‘经验’了任性，才能去了解自己‘为何任性’。说直白点，就是‘任性’对你的意义。”

“天啊！那个任性我连想都不敢想了。”

“看吧！这就是你的选择。所以你在那段关系最后只停留在失败而已，没有其他新的意义。”

“但如果我真的去想，会很痛苦吧？”

“痛苦通常来自对事情体会得不够清楚。当一切被你清楚地了解，痛苦之处就会被你打开新的视野了。”

是的，不管是快乐还是痛苦，真正勇敢去品尝与面对，才能成为保存在心底的深度关系。

深度关系的存在从来就不只是“你在我身边”的概念而已，它是一种心底永恒的爱与回忆——一个酝酿全新自我的意义。

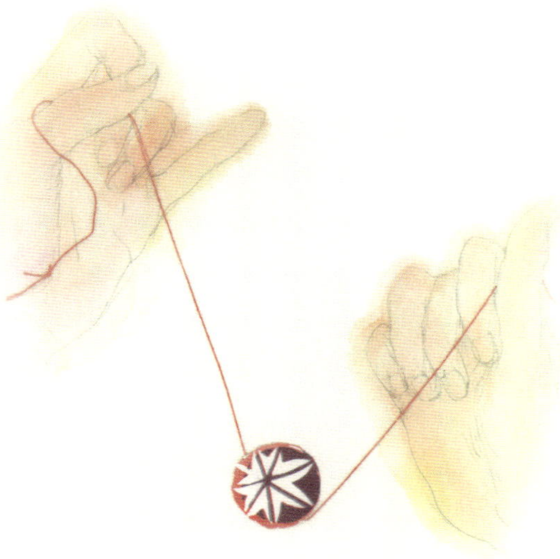

第二站

跨越关系中的心理情结：揪出“我们”之间的阻碍

“我不需要别人”是过度补偿的自信：潜意识

人的意识就像冰山一样，所露出的仅是冰山一角。
——弗洛伊德

每一回看到他，总是戴着口罩，遮住口鼻，黑色粗框眼镜，挡住与人交流的眼睛。

大组讨论还可以，但每当我想要邀请他加入两两分组讨论时，他总是很快拒绝我。

“我不需要和别人建立这样的关系。”他说，“我只是来上课而已。”

有天下课后，他叫住了我：“老师，请留步。”

“怎么啦？”我问。

“很抱歉，我只是想向您说明一下，我不是要给您难堪，我只是认为分组很容易涉及私密的讨论，我并不想这么做。”

“为什么呢？”

“一旦我们把某部分的自己告诉别人，就很像在昭告天下一样。”

“你是说，只要你对别人透露了自己，那个人就会去告诉别人。”

“我就是这个意思。”

“看来你很难信任别人。”

“那是因为我给过自己很多次机会，想要相信某些人，但最后的证据都表明，没有人值得信任。”

“你是说，你在关系中遇过很多次挫折，所以你不愿意去相信别人？”

“可以这么说。”

“那真是太可惜了。”我回答。

“不可惜，我并不是为了交朋友而活着。”

“我不是说你不交朋友可惜，我是说，关系中的挫折可能是件好事，但是你不愿再给自己机会理解这点，真是太可惜了。”

“老师，您是在说反话吗？我不懂您的意思！”

“你说你不需要跟别人建立这样的关系，想必你人生的焦点是想放在自己身上，是吧？”

“这您倒说对了。”

“但就是因为要把焦点放在自己身上，才更需要跟别人建立关系，而且越紧密越好，越挫折的关系，没准对自己帮助更大。”

“老师，请问您到底是什么意思？”

“你不懂吗？关系中的挫折，往往是你能够认识自己的机会。事实上，越是挫折的关系，认识可能越深啊！”

“为什么呢？”

“因为那表示‘内在的你’已经被挫折感打开了。挫折感是我们通往自我觉察之路。”

“您说什么？!”

眼看这个孩子就要发火，我赶紧举个实际的例子。

某天，我从一早就有好几场会议，一直到傍晚才结束。有些会议是跟初次见面的同仁一起，有些则是跟朝夕相处的好同事。

但连续几场会议下来，我却感觉心情有些沮丧。如果你问我发生了什么事，我肯定答不上来，因为并没有发生什么“具体事件”让我沮丧。

“所以这跟自我觉察有什么关系呢？沮丧怎么可能是通往自我觉察之路？”他打断我。

“你别急嘛！‘路’总是开出来的，你不开辟又怎么能走呢？”

“好吧！那请问您，要怎么开辟呢？”

“首先就是要进入‘两两分组’。”我说。

“您说什么？”

"'两两分组'本身，就是为了'创造对话'。"

听到这里，他总算闭起嘴巴进入思考模式了。

"有时是和别人对话，有时是和自己对话。但是如果你总把焦点放在'外'，那你就只会关注对话的'结果'。比如说，对话舒不舒服，这个人会不会说出去，说了以后这个人会不会讨厌你、伤害你……你就不会注意到对话的'过程'，没准连'沮丧'都说不出口。"

"那请问老师，您感受到'沮丧'以后，又注意到什么'过程'了呢？"

"的确，在那一天会议下来的沮丧中，我一开始觉得是'外面'那些人让我很沮丧，可是当我向自己'内心'体会以后，我发现我是对自己感到很沮丧。"

"对自己沮丧什么呢？"

"我沮丧自己是一个很龟毛的人。"

"龟毛？您是说很爱挑剔，很会刁难别人吗？"他显然有些想笑。

"噢，真谢谢你帮我解释得这么好。是的，我的确从那些不熟的人身上发现，当大家一直说话的时候，我会忍不住要一直抢答，而从跟我很亲近的人身上发现，他们跟我讲话似乎很紧张。"

"然后呢？"

"然后我发现，我不喜欢自己这样的形象。"

“什么样的形象呢？”

“好像很爱表现，好像很想跟人竞争，好像带给和我亲近的人很大压力。最令我沮丧的是，我发现自己原来没有在‘听’别人讲话。尤其对越亲近的人越是如此，我对他们没有耐心，好令人沮丧。”

“这个我懂！有时候你还会怀疑，天啊，别人怎么可能会喜欢这样的我呢？”谈到这里，他已经不像是在打断我的话，而是在“与我对话”。

“你抓到重点了。你看，这就已经开辟从‘挫折感’到‘自我觉察’之路。”

“但这些觉察不是会让自己更沮丧吗？”

“那是因为你没有把‘重点中的重点’圈起来。”

“重点中的重点？”

“是的，我刚刚讲的那一大串我觉得很沮丧的事情里，有一个重点中的重点，就是我原来缺少‘聆听别人’的能力。”

“怎么可能？”

“很抱歉，即使我是一个需要用‘聆听’来工作的人，我还是要承认，我缺乏‘聆听’的能力。”我说。

他突然哭了出来。

“你怎么了？”换我吓一跳。

“老师，您怎么能这么老实跟我说这些？您不怕我说出去吗？”

“我为什么要怕你说出去呢？难道我说了什么毁谤我自己的话吗？你以后也许会慢慢发现，人到了一定年纪之后，就会逐渐失去八卦的能力。”

他哭得更伤心了：“可是我现在好怕人家八卦。”

“这也许像你说的，别人不值得信任，或者有可能是你不信任自己，你就会把自己的事情也看成一种八卦，并且把周围的人训练得‘不值得信任’。”

“您这样说我好难过，但是我也感到好意外，同时我又不能否认您说的话。”

“请继续说，如果你愿意的话。”

“因为我觉得别人不能信任，我就会只是‘尝试性’地把自己的‘八卦’和他们说，而不会像我们现在这样‘对话’。”

“你发现了。所谓‘八卦’其实就是一件你‘在意’的事——唯有透过‘对话’，‘在意的内容’才会浮现。”

“是的，但我的做法是把这些‘八卦’丢给别人，请他帮我保管就好。可是他们往往做不到。”

“‘八卦’会丢给别人，往往是你心理上已经没办法负荷。但你在无法负荷的状态下丢给别人，别人也可能把这种超载的承担再丢出去。”

“看来这‘八卦’真像烫手山芋。”他说，“可是，就算我可以像您一样，理解自己是一个‘无法聆听’的人，我又能怎么办呢？事实就是如此啊！”

“不见得，当你觉察到自己是个怎样的人时，你其实也逐渐不那么是‘这样的人’了。”

这是一种潜意识透过觉察，进入到意识层面的历程[①]。

当“潜意识”意识化，“我”将拿回主控权

很多存在于内在心智的“我”，因为种种原因，被我们摆放在太过深层的潜意识里，以至于那些“我”明明真实存在，却常常不被我们的意识所理解，当然也就觉得无法控制。这才是我们痛苦的起源：“无法控制感”让我们害怕失控而压抑自己。

好消息是：当我们理解了，也就不会觉得那么无法控制了。

“所以当我发现自己‘没有能力聆听’，也许就开始产生‘聆听’的能力了。”我说。

“老师，我觉得‘对话’还有一个好处。”沉默半晌，他又说。

“哦？是什么呢？”

“在对话的这一刻，我觉得跟您很亲近，而这对我很重要。”他说完马上转身，提着书包的身影逐渐离去，然后远远地伸出插在口袋里的左手，用背影向我挥手道别。

---

① 弗洛伊德认为心理分析的目标之一，即是把潜意识里的东西带到意识层面来，使原本由冲动性高的“本我”独霸的地方，转由合理、现实的“自我”来加以运作。这不是为了要让我们成为一个完全没有矛盾冲突的人，而是把幼年难耐的冲突，透过成熟转化为容易耐受的冲突，“把神经质的痛苦（neurotic misery）转化为一般性的不愉快（common unhappiness）”。

关系中的挫折感不见得是坏事，它创造了潜意识浮上意识层面的机会。而这一切，都是透过“对话”产生的，在关系中与人的对话，以及在独处中与自己的对话。

人际创伤是种不切实际的幻想：情感转移

人们心甘情愿地将自己囚禁在由性格造成的矛盾冲突的牢狱中，而牢狱的钥匙就在自己手中。尽管如此，人们并不知道自己是自愿陷入这种状态，因为这个过程发生在潜意识里。

——弗洛伊德

奥地利精神科医师弗洛伊德和他的伙伴布洛伊尔首创透过催眠来了解人们深层的潜意识，但他们很快就发现这不见得是一个好方法，因为许多人无法对催眠产生反应。

弗洛伊德仔细研究这个现象，了解到这是因为人们在催眠的过程中，会回忆起过去令人羞愧与痛苦的记忆，导致人们对深入自己内在产生“抗拒”，催眠预期的功效便打折了。

弗洛伊德因此发现：原来“抗拒”是我们形成“神经质”[①]的

① 见《荣格全集》第二卷《弗洛伊德的歇斯底里研究》。在弗洛伊德的经典案例中，“安娜·欧”的右上肢瘫痪即是歇斯底里症所造成。弗洛伊德认为，这是因为内在隐藏的精神动力支配了躯体，使身体系统在无器质性病变的状况下发生异常。

组合成分之一。我们宁愿承受一些身体上的疼痛，也不愿面对内心的痛苦。因分手或离婚而长期失眠、胃痛，就是这个道理。

再接着探究下去，弗洛伊德又发现：人们除了对话题产生抗拒，对心理治疗师也会出现抗拒，但这种抗拒并不是讨厌治疗师，相反地，尤其当人们对治疗师产生依赖的时候，会陷入一种害怕与震惊，因为他们将内心令人羞愧的幻想“转移”到治疗师身上了！

弗洛伊德举了一个亲身经历来说明。某次，他和一位女病人谈话结束前，女病人有一个非常强烈的想法，她想要获得弗洛伊德的亲吻，并对这种冲动感到羞愧。女病人当下并没有将这个想法说出来，以至于她那天晚上彻夜难眠，下一次治疗时也坐立难安，于是她终于说出这个念头，并且在弗洛伊德的协助下找到这个幻想的联结——原来这是女病人多年前与某位男性谈话时所出现的想法，而她始终将这个念头压抑在心底。

起初，弗洛伊德对这种“转移式的情感”相当不安，因为治疗师在处理这种情感之前要能先承受，才能在这种转移式情感中陪伴案主探索“转移”的来源，且不因为这种超乎现实的情感而被吓跑。但最终，弗洛伊德找到这种人我之间强烈发生，却又与现实逐渐脱节的情感源头：来自童年，对爱的期望，以及对仇恨的压抑。

是的，正因为爱、恨如此庞大又令人难以消受，我们在每一段相遇中，就会不自觉地将这些情感转移出去，期待能获得爱的满足、恨的解除。

一段关于霸凌的对话

念高中的孩子告诉我，他被同学霸凌。他曾经将霸凌的事情告诉老师，但显然他对老师的处理相当不满意。

“老师跟我说，同学可能是开玩笑的，叫我再观察看看。”他说。

“是吗？同学是开玩笑的吗？”我问。

“才不是，他们根本没有开玩笑，他们叫全班同学都不许跟我讲话，不许借我作业，他们都躲起来笑我。”

“你觉得他们为什么要这么做呢？”

“我不知道。而且我都已经告诉老师了，老师还是不处理。”

“你希望老师怎么处理呢？”我又问。

“嗯……我不知道。”

“比如说……把全班同学都骂一顿吗？还是什么？”

“如果可以这样最好！”他双手拍腿，说出最有底气的一句话。

“所以，如果老师没有骂他们，或处罚他们，对你来说就叫‘不处理’。”

“嗯……可以这么说。我都已经跟老师讲谁做错事了，老师本来就应该处罚他们，不是吗？”

“你希望老师怎么处罚他们？”

“嗯……也许就是骂他们一顿，或是把带头的那个叫来罚站也可以。”

“想必你的老师没有这么做。”

“对呀！她无能！她包庇那些坏孩子。”

“你好像对老师很生气？”

“对！我非常生气！她怎么能允许他们这么做？她明明知道我被大家排挤，怎么可以不阻止他们？她身为老师，怎么可以不保护我？”

“你的意思是，只要老师骂他们一顿，就可以救你离开被嘲笑、被排挤的处境？”

他突然沉默了。

“不知道……没准那样也没有用，他们还是一样讨厌我。”一会儿，他又说，“也许我就是天生令人讨厌的人。”

“我觉得很遗憾，你居然会说自己是一个天生令人讨厌的人。”

“是，我就是这样。从小到大，没有人真的喜欢我，所有人都排挤我。”他哽咽，接着双眼接触到我的眼神，“你不要那样看我，不要同情我。”他对我大吼。

说实在的，谈话到一半突然这样被学生吼，心里还是会受到惊吓。但这种“内心一惊”的感觉却让我忍不住笑了出来。

“你笑什么！”他握紧拳头，简直要朝我出击。

“抱歉。”我还是收不住笑意，“我只是突然觉得其实你很有活力。”

“我是讨人厌没错，但不是死人。”他回答。

我笑得更大声了：“我觉得你很有趣，你用很哀伤的语气讲了一段听起来很哀怨的处境，却不愿让人用同情的眼光看你。”接着我收起笑脸，很认真地问他：“你为何不用这么有力量的声音去告诉你的同学，你不喜欢他们这样做呢？”

“一个被人讨厌的人，有资格去要求别人不要讨厌你吗？”他反问我。

“一个被人讨厌的人，同样有资格去了解自己为何被人讨厌！”我回应他，“除非，你不愿意知道自己被人讨厌的真正原因。”

“那是多此一举。”

“为何？”

“你看我。”

“怎样？”

“我这么胖！”

“所以呢？”

“你知道小学生最喜欢欺负胖子吗？”

“然后呢？”

“所以我小学的时候是专门被欺负的那个胖子。”

我停了一下：“你那时候都怎么办？”

“我还能怎么办？乖乖被打，乖乖被笑，乖乖地把所有委屈都吞下去。”

“你没有打回去？笑回去？把委屈告诉你的父母朋友？”

“我打得过他们吗？我告诉父母有用吗？有人会为我做什么吗？他们只会说我是一个没有用的人。”

“你试过？”

“我告诉过我哥，我哥和你一样，叫我打回去。我哥是瘦子，力气很大，我没有他那么能打。”讲到这里，他舞动十根手指头，拼命把头发弄得凌乱。

“你对你哥很生气？”

“我当然气。我是他弟弟！他那么能打怎么不来保护我？他还跟我念同一所学校，教室就在我教室的楼上。你知道吗？那些一开始打我的人就是看他不顺眼的人。为什么好的都给他，坏的都由我承担！”他扯住自己的头发，上下晃动。

“你有告诉你爸妈吗？”

“我讲过一次，他们只说你们兄弟的事自己解决。自己解决，自己解决，什么都要我自己解决！”

他倔强的眼中开始冒出水花，滴滴答答落在已经逐渐消瘦，还带点肥胖纹路的大腿上。“既然大家都不喜欢我，那我就被打死、笑死好了……”他说。

那天的谈话，他提到“哥哥没义气”“爸妈不爱我”“同学欺负我”“老师看不起我”……一个个相互关联的人物，碰撞出他“重复性的童年经历”[①]，直到他发现，对哥哥、对父母、对同学、对老师的感受……他一直无法划分清楚，只好在重复想象的过程中自我折磨，磨到自己失去了能量，磨到心里没有了爱。

这是一种童年情感的延续与转移。

当“重复的经历”转变为“记忆”，才有改变的希望

弗洛伊德解释，这种“情感转移”的原则在于，不是发自我们此时此刻的状态，而是重复童年时期的爱恋与怨恨，所以大多不是真实的，而是因为与过去人事物的联结想象才强烈发生。这现象最大的危险在于，我们的潜意识想透过“情感转移”来满足爱、排除恨，却可能因为这些感受而过度压抑，在不明就里的状况下，我们可能用情感来压榨那些被我们转移情感的对象，直到他们受不了这种强烈的情感而逃跑、崩溃、反击，我们就吸纳了更多新的爱与恨来折磨自己。

但这些情感转移都是有意义的。那些让你感到爱恋或怨恨的人，不只是要让你沉浸在那种情感里面而已。他们的存在是为了让你把这些“重复的童年经历”说出来、表达出来、整理出来，那些过去用身体、用细胞去体验的“经历”，才能转变成被你的心和大脑意

① 人从婴幼儿时期开始，许多原始的心理需求在与父母相处中获得满足或不被满足，衍生出各种爱恋、怨恨、挫折的情感。这些带有情感性的记忆，常因年幼无力排解而压抑在潜意识，直到遭遇类似人事物与情境时又被引发。这种早年情感被重复引发的过程，弗洛伊德称为“移情”。

识到的“记忆”。

当你可以回忆起自己为什么如此，你就会看到让事情变得不一样的希望。

“其实我不需要那么多人爱我。只要我哥跟我说，虽然我看起来这么孬种，还是他的好弟弟；只要我爸跟我说，虽然我这么胖，还是他的好儿子：就够了。”一年后，即将离家去念大学的高中生如是说。

他不再用“被霸凌”来形容自己的遭遇，虽然他一样讨厌被人排挤。

我想，那是他之后会继续探索的问题。

集体心灵不成熟的后遗症：内在人物

每个人都会伤害他所爱的事物。
——奥斯卡·王尔德

我在艺术大学开了一门课——“心理觉察与书写”。其中一周的主题是谈我们内在的英雄形象，那堂课之后，我以“英雄”为主题，让学生进行书写。

作业交回来后，我发现学生对所谓“英雄”的感知简直五花八门，有感人肺腑、被拯救的故事，也有因为被霸凌伤害而砥砺心智的内容。正向、负面的都有，只是有一个共通点：这些人对他们的影响力都非常大。

关于“影响力”三个字，社会过去总将焦点放在那些正向的、存在感强大的人身上，所以我们可能从中学会用许多正向语言来激励自己要向哪些人学习，或以某些被发展出来的“步骤”来鼓励自己如何走向成功。

我们可能忘了停下来体会，那些驻足在我们内心，影响我们至深的“内在人物”。

除了父母以外[1]，我生命中有几个影响我至深的“内在人物”。当我闭上眼睛体会的时候，甚至可以感受到他们当年说话的语气，他们脸上的表情，还有我当时在那些影响中的心跳声和情绪。

举例来说，求学早期，我曾经觉得自己是个功课好又长得可爱的小女孩，上了初中后的第一个学期也是如此。可惜好景不长，当数理化难度开始加深，我逐渐迷失在三角函数的复杂里。有一回，我数学考得很差，班上一位平时很喜欢跟我比成绩的男同学跑到我的座位旁，高举起我被老师画满红字的考卷，对着班上同学大喊：“你的年代已经过去了，教室旁边就有窗户，你可以直接从这里跳下去啦！”

难堪和羞辱感，让旁人的话语在我耳里都是一种讪笑。

之后更惨的事情发生了，青春期的荷尔蒙让我脸上迸发出无数大痘子。有一次，我心仪的一位学长告诉我：“你知道吗？你真的什么都好，如果可以换个头，就完美了。”

是的，当年我很在意这些话，从此我对数学、对自己一点信心都没有。果然，属于我的自信年代，真的就这样过去了。

---

① 见《与父母和解：疗愈关系中最初的隐痛》，许皓宜著，九州出版社。

我进入心理咨询领域就读的契机，正是源于这些自我与关系上的无尽挫折。

学习如何活得真正坚强

有一天，正当我处于对自己与未来都充满失望的生命当口，我在书店的一个偏僻角落，发现存在主义心理学创始人维克多·弗兰克尔的自传[①]。那是一个犹太人在集中营遭受屠杀的故事，弗兰克尔和他的父母、妻子一起被关进集中营，最后只剩他一人幸存。

弗兰克尔从怨天尤人的愤怒中，开始探索自己独活于世的意义，直到他开创了“存在主义”这个影响心理学相当深远的学派后，他引用哲学家的话来为自己的生命下脚注，他说：“那些杀不死我的，是为了让我活得真正坚强。”

说来也奇怪，读到这样一段话，好像把希望的种子植入我心底。

不，也许我现在应该说，其实希望的种子一直都在我心底，只是被这段话浇灌了养分开出了花。

之后我进入“助人”领域，却不可讳言是在寻觅“自助”的方法，学习如何“活得真正坚强”。

在寻觅的过程中，朋友带我去参加台南文化中心举办的一场演讲。我已经忘了当时的演讲者是谁，因为我们坐的位置实在离讲台太远，我越过前方无数颗人头，远远聆听从讲台上传来的声音。

---

① 见《活出生命的意义》，维克多·弗兰克尔著。

那个站在台上、我根本看不到他头的演讲者，居然说出了同样一句话："那些杀不死我的，是为了让我活得真正坚强。"

再次听到这句话的时候，感受已经不只是感受，我低头流下眼泪，哀悼自己的"不够坚强"，然后从心底深深体会到：那个站在台上我根本看不到头、不知道他是谁的演讲者，具有改变别人生命的力量！

那一刻，讲台上的他成为我心灵深处的"内在人物"，和过去取笑过我的他和他，连成一幅巨大的心理画面，形成我探索生命的方向与目标。

初心无害，只是不成熟

多年后，我钻研心理动力学，终于找到当年同学间互相嘲笑、欺凌的意义与答案。

在我们一起活着的过往年代，我们集体遥望着黑板上一天天消逝的高考倒数日，我们一起彷徨在父母的期待下，接受考试少一分就要被师长责罚。我们形成集体的心灵意象，既困于"别人如果好，我的排名就坏"的矛盾中，又受天真的心灵引导，用极为扭曲的方式来靠近友伴。

那句"你的年代已经过去了"道尽年少心灵的集体恐惧感。（当初如此说的人，也同样害怕自己的年代会过去，我何必执着于当他自我投射的炮灰呢？）"换个头就完美了"则在倾诉青春自恋的心灵想要满足的自我期待。（当初如此说的人，觉得要一颗“完美的头”才配得上他，这是“他的自恋”，只是那时那刻打击到“我的自恋”。）

集体心灵的焦虑下，我们忙着寻找情感的出口，证明自己的存在感。于是我们用各种正向与负面的方式，成为彼此心灵中深刻的“内在人物”，考验彼此能够坚强生存下去的力量。

这是残酷不堪的青春期阶段。初心无害，只是不成熟。

有一个年轻人告诉我，他怎样对付这种集体心灵的不成熟。

他曾经是个一百多公斤的胖子，班上同学给他起了“车轮”的绰号，因为他的五官肥胖得挤在一起，活像被车轮碾过的大饼，所以当然被叫“车轮饼”啰！

年轻人被动地接收这个绰号，但他发明出一个绝妙的方法：印出那个给他起绰号的同学照片，每天看着那张照片跑步。

“内在人物”的影响力果然不容小觑，两年之后，年轻人瘦了三十多公斤，成为没有人敢小看他毅力的“型男”。

自信取代了欺凌，别人怎么说并不能决定他是什么样的人，但他的响应却决定他成为什么样的自己。

别人的不成熟，是别人心智上的缺陷、别人的问题；集体心灵的期待，是社会的缺陷、社会的问题。但从上述两者中找出生命的方向和目标，则是我们自己要面对的问题。

跳脱集体心灵的同化：神秘参与

人类有种模仿的心理能力，
虽然它对集体群聚的目的有所效用，
但却对个别化的发展具有破坏性。
——荣格

集体心灵的力量之所以对我们影响如此巨大，来自“我与人”之间“深度依附”的需要。深度依附的起源从胎儿在母体内开始，互为敏感的母亲与胎儿调节彼此趋向同步，胎儿因此吸纳了母亲所在意的心灵意识。

出生后，这种人我间的敏感从母亲扩大到整个家族、社区、学校、社会，我们逐渐进入周围环境的认同，以及集体心灵的态度，然后为整个环境的期待找到一个自己能够发声的角色位置。

比如说，扮演一个好学生、好孩子、好爸爸、好妈妈、好员工、好同事……

这种不知不觉朝向社会认同的过程，就是心理学家所说的“神秘参与”[①]。

而所谓的叛逆，正是从这种“神秘参与”的历程中，跳脱出来。

一个“中年叛逆”的故事

小区讲座结束后，来了一位女士，和我讨论她的“中年叛逆”。

五十多岁的她，照顾现年八十岁的老母亲多年。母亲卧病在床后，家里的其他兄弟姐妹便将照顾母亲的责任交给她，她一手打理母亲的生活作息、饮食起居，也管理母亲的退休金及财务事宜。

前些日子，母亲突然想要自己保管银行账户和印章，这位女士出于一片孝心，将一切重要证件交还母亲后，悉心叮咛母亲警惕社会上的诈骗事件，要她万事小心。

没想到这一叮咛，母亲倒怒了起来，认为她是不愿交还金钱，别有贪图财产之心。母亲一气之下搬了出去，惊动其他手足，每个人都来兴师问罪：她到底做了什么，惹得母亲这样生气？

“我实在气不过，就给她顶回去。十几年哪，不止，应该是几十年哪，我放了多少心思在家庭上，在我妈身上，最后落得这种下

---

① 神秘参与（participation mystique）乃荣格沿用自法国社会学家列维-布留尔的用法。见《英雄之旅：个体化原则概论》，第一章《个体化的双重运动》，默里·斯坦著。

场！”和我说起这个故事时，女士十分伤心。

“什么下场呢？”我问这位女士。

“吃力不讨好，母亲搬到我哥哥家去了。”她说。

“那不是很好吗？有人帮你照顾母亲。”

“这……是没错，可是我哥哥并不知道怎么照顾她。”

“你哥哥不是比你大吗，怎么他就不会呢？”

“我不喜欢他们说我把妈掌控在我这里，好像我很爱钱似的。”

“你有吗？”

“当然没有。”

“那不是很好吗？你刚好有这个机会证明你没有要把妈掌控在你这里，也让你哥哥证明他可以照顾母亲。”

“是没错……可是，我妈在这种状况下出去，我……”

“你怎么啦？”

“我觉得我最近对她的态度就……就很像我女儿对我那样。不像以前一样恭恭敬敬，开始会有点大嗓门，对她感到生气。”

“那不是很好吗？你现在对你妈开始像个‘女儿’，而不是‘女仆’。”

听到“女仆”二字，这位女士有些发笑，但还是认真地问我：“所以您是说，我对我妈的态度像我女儿对我那样，这样也没关系吗？”

“请你不要误会，我不是鼓励你要‘忤逆’你妈妈，对她不礼貌、不孝顺，我认为你之所以会转变对妈妈的态度肯定有你的理由。”我说。

“我能有什么理由？我觉得我变得好没有礼貌。”

“虽然我不懂你们之间是怎么相处的，但我知道‘礼貌’这个定义是你架构出来的，因为你习惯对妈妈这样，所以就定义你女儿那样叫作‘没有礼貌’。”谈到这里，我特地靠近女士的耳边低声说，“但事实上，很多亲近的母女之间，都不一定那么有‘礼貌’。”

女士放声大笑：“您说的没错，我姐姐对我妈就没什么礼貌，像我女儿对我一样。”

“那也许你就代替你们全家人，承担了‘需要有礼貌’这件事。有的时候，一个家庭里只要有人承担这件不轻松的事，其他人就可以乐得轻松，不需要这么做了。换句话说，很多爸爸妈妈，只需要养一个对自己恭敬有礼的孩子就足够。”

“真不公平。”女士说，“但我们家确实如此，就我最有礼貌。哼，告诉你，我从现在开始就不要这样。”她猛然发现自己抬高了音量，不好意思地对我点点头，“老师，不好意思，最后一句不是对您说的。”

“哈哈，你放心，我绝对不会在意，我由衷祝福你能发展出‘有礼貌’之外的个别人格。”

“个别人格？”

“是的，一个让你更喜欢自己的人格。也许是有礼貌，也许是不那么有礼貌，也许是其他你现在还想不到的模样。”

在人生某个偶然的时刻，你可能会出现一些不同于以往的想法和冲动，它可能是不同于你以往的对立特质，或者是你原本所认识的自己的另一种极端，而你甚至可能被自己心里的这些想法、模样惊吓到。

等这天来临的时候，请相信，这些特质在你心灵深处，是那么真实地存在着。

或早或晚，但总有那么一天。

别人怎么看你，都从你心底而来：镜像效应

“事实”不等于“真实”。
当你坚信某些事实时，
它们可能是你用“假”的“事”
所创造出来的“真”“实”。

如果你仔细观察过婴儿，会发现当他们开始爬行之后，特别喜欢停留在一些具有镜面反射的角落，比如微波炉、烤箱，即使对着那些电器用品四边狭窄的铁面，他们仍然会好奇地停下来。如果是一整面大镜子就更不得了了，他们可以停留在那儿好长一段时间。

大概在一岁之后，我们学着开始从镜面中辨识出自己。再大一点，当我们被母亲抱着站在镜子前面时，甚至可以分辨出“母亲”和“我”是两个个体。

这是心理发展上的“镜像阶段”[1]，透过镜子这个中介物，我

① 镜像阶段（Mirror Stage）出自拉冈在1936年发表的论文，其中提出孩童成长到一岁半左右，会突然间出现一种视觉上的突变，开始有能力分辨在镜像中，被母亲抱着的小孩和母亲是两个不同的个体。

们认识到自己整体的样貌，却也残酷地发现：天啊！我和妈妈，我和身边那些重要的人，居然是分开的、不一样的。

既然镜子让我们观照到自己，那么，我们最常面对的镜子是什么？

不，不是你每天早上起床时照的那面镜子。更常出现的是人的眼睛，是从别人瞳孔中映照出来的“我的样子”。那才是我们最常看到的自己。

初始阶段：我看到的我，是在你眼中看到的我自己

我的上一本书《与父母和解：疗愈关系中最初的隐痛》出版之后，受邀到某电台接受专访。那天的主持人是我相当欣赏的一位作家，我和她分享自己进入青春期之后，不断从我母亲眼里读到担心与忧愁（是的，就是母亲瞳孔里映照出来的我带给我的感觉），于是我的行为就变得更加叛逆，更令人担心与忧愁。

节目中间的空当，主持人和我分享她年轻时对父亲也有和我一样的感觉。于是我们不断聊着我的母亲和她的父亲，聊我们从父母瞳孔里那面镜子体会到的感受。

之后的某天，我必须出席一场晚间的公开活动，于是请母亲下班后到家里帮我照顾小孩。谁知那天下班特别晚，我先将办公物品放回家，再下楼准备去学校接孩子。一出电梯，正好遇到赶来帮我

照顾孩子的母亲。

“你怎么还在这里？”她大声问道。瞳孔里流露出我十分熟悉的，被我解读成担心与忧愁的——“惊恐”眼神！

反思阶段：你眼中的我，其实是从我心底镜像而来

坦白说，映照到母亲眼神后的那天晚上，在我前往活动会场的路上，那个瞳孔里映照出来的感受在我脑海中挥之不去，就这样跟着我在路灯通明的路途上闪闪烁烁。

好吧！我想我必须承认那时我深刻的印象：我发现母亲眼里的“惊恐”真的就是“她的”惊恐，忧愁与担心真的就是“她的”忧愁与担心。我突然对自己一直以来的认知感到困惑：妈妈是变了吗？我以前总觉得忧愁是因我而忧愁，担心是因我而担心，是一种不信任的结果。但我突然发现：那其实是她发自内心的一种感受，是她对事件、对自己的感受，根本与我无关。

然后我发现，不是她变了，是我变了。我开始学会不把自己的身影放到她的瞳孔、她的感受里，我开始接纳她有她自己的感受，与我无关。

也许在一岁多的时候，我曾经学会在镜子前面辨识自己与母亲的身影。但直到成年之后，我才学会将母亲眼里的我和她区分开来。

我们可以同时存在，但我没必要认为她的反应都因我而起。

承认阶段：你眼中的我，可能经过我的加工和扭曲

拉冈在提出“镜像”概念的时候，曾经提及这种从镜子前面辨识出自己和母亲是不同个体的感觉，其实是我们原始的痛苦来源：我们意识到与所爱的人原来并不能永远结合，实际上我们居然是两个分开的个体！

那是一种很原始的、分裂性的痛苦，把我们从想象带回现实，但心理上为了抵御这种痛苦，便开始将自己和亲密关系分裂成一个想象的样貌和一个现实的样貌。

如果一切都停留在第一次观照到镜子前，我和母亲是融合的想象里，即使我们“实际上”是分开的、不同的个体，起码我们还可以在“心理上”依偎在一起。

于是我们养成了习惯，将那些对我们而言重要的人眼中所读到的情感，拿来和我自己绑在一起。这种心理上的相互依偎，形成了我们对他人真实情感的解读。

于是，我怎么想我自己，我就感觉你也是这样想我；我从你眼里感觉到的情感，想必也只因我而起。我们产生了过度敏感的触角，哪怕是你眼里最轻微的迹象都能被我捕捉到，被我加工和扭曲，成为我对自己的看法与期待。

这一切都是因为我还没办法真正接受，我们其实是分开的两个个体。

改变阶段：我要如此放大我眼中的你的价值吗

如果你已经发现，你总是将自己和别人的感受绑在一起，就等于把你们一起困在你的“镜像效应”中，或是困在他的“镜像效应”中。

这可能出现两种状况：不是你的价值被过分扩大，就是他的价值被过分扩大。所以他的一点点反应就能决定你是否感觉良好，或怀疑自己存在的价值，你会充满嫉妒、猜疑，担心其他人在他面前比你更有吸引力。对他而言，你也可能变成如此这般的存在。

怎么样，有没有觉得这个桥段很熟悉？

这不就是童话故事《白雪公主》里的那位后母皇后与那面魔镜之间的关系吗？

事实上，若不是皇后硬要问魔镜的意见，她说不定还可以当自己眼里那个世界上最美丽的女人呢！

我对你的不满，其实是我对自己的不满

我曾经带研究生做过一个研究，内容主要是探讨台湾地区夫妻的婚姻现况与面对婚姻的态度。我们无意间发现三十五岁以前、婚龄在五年内的伴侣高离婚率的原因。

这是一个相当有趣的结果。以往，我们以为年轻夫妻之所以离婚，可能肇因于“相爱容易相处难”，或者“人因误会而结合，

因了解而分开”。但经过对数百对伴侣进行调查，我们却意外得知年轻伴侣选择离婚，不是他们对对方感到不满意，而是他们对“自己”感到不满意。

“什么？所以意思是说，如果我和我的伴侣一直吵架，是因为我在她身上看到我所讨厌的自己吗？”当我将这个结果分享给同行后，有人这么问我。

“也许啊！没准你跟她谈恋爱后，才发现自己原来这么讨厌。”我带着玩笑的语气说。但事实上也是，很多人都觉得自己相当正常，但只要一进入亲密关系，就变成“疯婆子”“抓狂男”。

“这真有意思，也真有道理。我们好像总是习惯在别人身上，重复温习自己有多么不好。”另一位同行也加入讨论。

所以我就把我眼中的自己，硬塞到你眼里，并且把你眼里的自己，当成我的。

然而这让我们捆绑在一起，而且，容易导致我们分离。

充满挫败感的关系居然令人着迷：逆流而上

正是这种把相反的事物以有意义的方式结合在一起，才建构出完整的客体关系。
——格雷戈里·汉莫顿

有时候我们会遇上一些人——我们欣赏、喜欢的那些人。

你明明就那么想靠近他，但是当你好不容易鼓起勇气和他相处时，那些经验却令人感到挫败。

你可能已经事先在脑海中盘算过千百种与他相处的模样，但偏偏实际接触他的时候却总不如想象的那样。

你期待与他建立欢欣、亲近、舒适的关系，但他偏偏为你带来心口不愉快的撞击。

你也许偷偷发过誓：以后再也不要对这个人有期待，再也不要因为和这种人相处而让自己陷入难过（甚至难堪）的处境。

但你总是在看到他的时候就突然忘记一切，忍不住又随着心意朝他的方向前进……

请不要误会，我说的不只是“爱情”，我们现在谈的，是一种“逆流而上”的人我关系。

“是是是，我有这种经验。”人群中，一位男士举手回应我，“我和我老板就是这样，我特别景仰他，我研究他的兴趣，想象他可能喜欢什么话题，可是每当我开口想跟他聊天的时候，他都会说：‘你为什么要在上班的时候突然问我这些问题。’”

“对，有些人就是这样。”另一位女士也举手搭腔，“你就是对他有兴趣，想跟他交朋友，才会跟他说话啊！干吗这样冷漠不领情？”

“我有更惨的例子。”又一位男士举手抢着表态，“我的朋友没有不领情，但我们谈话起了头以后，就不知道要说什么了。有一次我好不容易约他去吃饭，结果我们居然在餐桌上沉默十分钟，十分钟哪！不是没话说，是很多话要说，可是一见面就完全忘记想说什么。”

“唉……”顿时，你几乎可以听到几十个成年人一起叹气的声音。

“干吗这样自讨没趣啊！”

让我们先来整理一下这些经验的共通点：

“我觉得我们都挺在意这个人的。”第一位男士说，“就像我老板。”

“而且我们跟这个人都不太熟。”第二位女士说。

“不熟，但心理上‘想象’两个人其实会契合。”第三位男士说，“结果往往与期待不符。”

“还有，虽然和期待的不一样，但这些人实际上并没有伤害我们。”最后一位男士说。

我把大家说的要点写在白板上，显然句句是重点：

在意。

不太熟。

想象会契合。

不符合期待，却不曾伤害。

“那么一个‘不太熟’的人是怎么引发‘在意’和‘想象会契合’的呢？”我问大家。

“因为看过他说的话、做的事。”有人说。他指的是“人与人之间的印象与观察”。

“因为和他相处中曾经有过两个人契合的体验。”也有人这么说。他指的是一种“偶然但难忘的相处经验”。

“也有可能，因为不会伤害我们的人并不多。”嗯，果然是成年人会说出的道理。

“还有一种，因为直觉。”讲此话的人自己先大笑起来。

“所以显然大家都觉得，虽然这些人让我们感到挫败，可是他们却具有一种我们可能知道，也可能不知道的‘意义’。”我帮大家做总结。

“这意义也太虚幻、太没道理了，要怎么找呢？”有人大声嚷嚷。

在挫败我们的人身上，体会到开心

关于这个“意义”的寻找，心理学上的概念可以给我们一些启发。

在我们的成长经验中，有两种极端的情感：

只要和某些人相处，我们就觉得非常兴奋开心，于是提供这种兴奋感的人，就符合我们内在的“兴奋性形象”；而这种兴奋的感觉，便潜移默化成为心智当中“随心所欲的我”。

比如说，小时候带着我们去玩的父母，玩耍那一刻的欣喜若狂刻画在年幼的心底，让我们想在未来的生活当中，继续寻找符合这种“兴奋性形象”的人，体验这种“随心所欲的我”。

但也有某些人，和他们相处的时候，我们会感受到被责难的挫败，于是提供这种挫败感的人，就符合我们内在的“挫败性形象”；而这种挫败的感觉，也潜移默化成为心智当中“应该要怎样的我”。

比如说，小时候因为调皮捣蛋被父母打骂，接受责罚那一刻的难堪羞愧刻画在年幼的心底，我们理智上虽然不愿意再重新经历，情感上却不自觉地继续寻找符合这种“挫败性形象”的人，体验这种“应该要怎样的我”。

你也许已经发现，早年提供我们这两种极端情感的人，其实往往是同一种人，也就是我们的“父母”——而这世界上可能没有任何一对父母能做到只提供给孩子兴奋开心，却完全无挫败感的成长经验。

所以成年之后，我们进入自己的人际生活圈，情感上想要舒舒服服地寻求“兴奋性形象”来体会“随心所欲”，却总是偏偏在同一个人身上体会到“你应该怎样做”的“挫败性形象”。

最恼人的地方是，如果一个人总是让我们感受到“兴奋开心”，而没有“责难挫败”，我们与此人的这段关系也就显得不那么吸引人了。

“没错！人性真的好矛盾啊！”有人大喊。

想办法“在挫败我们的人身上体会到开心”的矛盾，像是一个人们心理上不断追寻与填满的空洞。但这不是什么诡异的人性，而是早年记忆引导着我们超越过去的欢乐与痛苦，将这两种极端性的情感整合到同一个人身上——借此我们学习到：接受所爱的人也有其可恨之处，并在所恨的人身上找到可以关爱的地方。

最终我们学会，接纳自己同时存在可爱与可恨之处。

而那些让我们感到挫败，却又被我们喜欢着的人，正是帮助我们练习在挫折时也能爱自己的人。

没有回应的环境导致自恋性暴怒：共情

越来越多的证据表明：
只要有一线生机，人们便会努力生存下去。
是什么激发人们努力存活的动力？
是一种感到还有人关怀自己的感受。
——“自体心理学”概念

一部连续剧的女主角，有个从小离散的总裁父亲，无奈母亲恨死了背叛婚姻的父亲，誓死不让父女相认，却使女主角的死敌有机会冒充女主角的身份，成为有钱总裁的假千金。母亲也被害患病，清醒后并发小中风，无法行走，不能言语，想揭穿真假千金的真相，却只能靠眼神和微弱的咿啊声。假千金在旁扰乱视听，让有钱总裁以为太太还在生自己的气。中风的母亲又急又气，满腹的愤怒委屈都说不清，最后只好情绪激动大发脾气……

网友对这一段剧情简直骂翻了，为了看假千金被揭穿，抱着吐血的心情也要守在电视机前面看下去。

这种洒狗血的剧情为何如此勾人？因为这种焦虑、恐怖、动弹不得的“破碎”经验，我们都曾经有过。

心理学家科胡特（Kohut）用“自体破碎”来形容这种感觉。就像成人渴望能控制自己的行动和心智，我们年纪尚小时也是如此。但因为早年经验中，我们心理上往往和主要照顾者“黏”在一起，在这种还没有“我/你”之分的心境下，我们把别人当成自己的一部分，想要控制别人对我们的行为与情感，期待别人好好服务我们成为一种“理所当然”的心情。以至于我们被服务得“不完美”的时候，内心会充满“暴怒”。科胡特认为这是一种可以理解的暴怒，来自不被响应的感觉与失望：

“嘿，母亲，或那个谁，你不是我身体的一部分吗？你不是理所当然该好好服务我吗？怎么可以不如我预期而不受控制呢？”

科胡特说，这叫“自恋性暴怒”。

然而，就像牛奶加在茶里头，茶叶带给人们的味觉刺激受到中和，奶茶的味道就比原茶来得温和柔软。如果我们从小那种“不被响应”的感觉能被母亲或重要的他人所理解，这种暴怒感也会因此被中和，我们逐渐找到调节情绪的方式，信任别人对我们的情感：

“嘿，那个谁，你懂我为什么生气吧？你是懂我心情的吧？”

情同此心，心同此感。成长所求所盼，不就是一个能走入你心，理解你情感的人吗？

这种需要，心理学称为“共情[①]”。

所以，被拒绝的感觉，不被响应、不被理解的感觉，才是让自恋得以成长的土壤，科胡特的“自我破碎”理论让我们理解：

“嘿，自恋和攻击并不是人天生的本能，而是因为没有回应的环境所分解出来的产物啊！”

是的，如果你内在充满“没有人响应我”的感觉，不就只能靠自己与环境搏斗吗？

是不被回应的“感觉”惹你生气，不是眼前这个人

婴儿时期，当无法控制母亲的暴怒感发生时，母亲因为无法理解这种心情（毕竟她们离婴儿时期太久远了），可能反攻击（呵斥、责骂……）身为小婴儿的我们。对婴儿心境的我们来说，暴怒的发生原是想要获得母亲的响应，没想到这些攻击最后却回到自己身上，以致我们心理上不知不觉地认同了这些反攻击的内容，产生一种自我厌恶的感觉。

于是等到我们成年后，许多情境会唤醒我们当年“不被回应”的原始暴怒，以及反被环境攻击的感觉：

像是——

① “共情”这个词由“empathy”而来，在咨询技巧中常被翻译为“同理”，但在心理动力学中，则多将这个词翻译为“共情”。科胡特在自体心理学理论中，用“移情”（experience-near empathy）来强化“共情”的内涵，不仅仅是理解他人的感受而已，而且是一种仿佛能体验他人精神生活的感受，并在这种接纳下尝试去参与对方。

排了好长的队，好不容易轮到你的时候，服务员却表情冷漠地看着你。

等了好久的演唱会，主办方却告诉你票卖完了。

身为研究生，在论文答辩时无法回答面试官的关键问题。

遇到难搞的客户，一副质疑你的口气。

这些情境可能随处可见，情境里的对象不见得熟悉，但他们的反应却同样让人感到生气，让人想要争辩、对抗、攻击……一种自尊受到侮辱的感觉，迫使我们产生一种想要报复、让对方收回冒犯的冲动，一刻也不能拖延。

“嘿，那个谁，我要多努力你才会响应我呢？为什么我要这么努力你才会看到我呢？”

这种感觉很熟悉，来自婴儿时期没有响应的环境，以及不被响应的自己。

然而，许许多多的冲动之后，我们最终要理解：在这种“大婴儿”般的心情底下，真正令人难受的是“不被回应的感觉”，令人难堪的是“要那么努力才能被看见的感觉”，这些感觉在我们心里潜伏、沸腾已久，并不是因为“眼前那个人”才发生。

我们不是真的想要争辩、对抗、攻击眼前这个人，我们真正需要的是他们的理解。

我们其实可以逐渐学习接受无法样样被满足的现实，但我们真的渴望有人能理解不被满足的痛苦。

一种情同此感的理解。

共情。

共情的力量

一位成长在典型的无响应家庭、状况非常棘手的女病人，以一种非常傲慢的态度，用一些扭曲的观点来攻击她的治疗师，高频的说话声让治疗师几乎想要对她吼回去。治疗师需要不断提醒自己“女病人是在一个无回应的环境，在羞辱和惩罚下长大的”，才能鼓起勇气面对女病人多番强烈的暴怒。

圣诞节快要到了，治疗师必须告诉这位女病人，圣诞假期得暂停每周一次的谈话。就在治疗师鼓起勇气告知后，女病人突然沉默，接着冲向关着的窗户，用手敲击玻璃。治疗师吓坏了，看到一块碎玻璃掉在地上，他担心女病人伤了自己的手，于是问她：“你有受伤吗？”

女病人一言不发，转过身来让治疗师看她的双手，并没有受伤。治疗师又说：“我很高兴你没有割伤自己。”并且迅速捡起碎玻璃丢掉。

女病人看着治疗师的举动，也用一种关怀的语气说：“小心一点，不要被割伤了。”

这是女病人第一次表达自己真心的关怀。因为在前面那个片刻，她感受到，原来比起对自己行为的害怕，治疗师更关心她的安危。

她在一种安全的环境下，体认到虽然她和治疗师是两个不同的个体，但他们彼此都有感受，也都需要别人的关照。

透过治疗师的“情同此感”，女病人体认到所谓的“心同此理”。这是彼此“共情”的力量，得以逐渐渗透、安抚暴怒的心。

之后，虽然女病人还是会退化，还是会愤怒，还是会无理取闹，但她不再摆出冷酷无情的样子，或将治疗师放进她的自恋里，她的暴怒中开始有一丝对别人的尊重——而那是从她被治疗师理解、关怀、尊重而来。

“不要否认自己的抱负心，以及想要闪光的愿望。”科胡特说。

你可以承认自己是一个需要别人欣赏、需要别人理解的真实的人。因为每个人的情感，都值得被好好珍视。

但与此同时，也要学习对别人“共情”。

然后你会发现，当你的内在软化、比较少苛责自己时，就能感受到别人的情感与柔软。

这是人际关系中相当美好的一件事。

你不在，但我知道你在：恒常关系

欢乐渴望一切事物的永恒，
渴望深沉，
深沉的永恒。
——尼采

有人说，狗总是暴饮暴食，看到食物就狼吞虎咽，那是因为它们不相信明天还有东西可以吃，只能把握看到食物的瞬间。

人的发展却不一样。倘若我们对明天怀抱希望，就要相信某些人事物会恒常存在，不随今天的日落而化为泡影。

翻开心理学的书，可以看到条列式对“恒常”二字的探讨。理论上说，我们在一岁的时候，就知道去寻找消失在眼前的球体，是因为知道球不是因为看不见而消失，我们可以在心里将消失的东西勾勒出一个形象，这叫“物体恒存”[①]。同样地，我们也会知道，

① “物体恒存”的概念由发展心理学家皮亚杰提出。

不管父母在或不在身边，他们都是记忆中那个样子，而我们会在一个预期的时间再次看到他们，这叫“人物恒存”。

前面两种恒常感，只要大脑的认知跟上脚步，就得以理解。但有种恒常感却打破发展时间的边际，有人在很小的时候就能培养出来，有人却一辈子都在寻寻觅觅，这是“情感上的恒存”“关系上的恒存”。

先来谈谈“永远”这件事好了。

问问自己，你相信“永远”，相信“forever”吗?

这实在不是个容易回答的问题。

正因为我们对他人的感觉总是错综复杂，情感上的恒常性就显得特别困难，没有养成的时间表。心理学家说，当我们还是孩童的时候，要在生气时记得母亲慈爱的样子，比记起自己的玩具放在哪儿还要困难。当下的情感轻易就能盖住先前的记忆，所以我们需要在父母的稳定扶持下，才能学习信任：即使我惹父母生气，或我生父母气的时候，还能相信我们之间的爱一直都在。

这种对于“爱永恒”的相信，是情感上能否恒常的指标，也就是我们信任“关系恒存”的基础。

母亲的回忆录

我认识她那年，她刚升大四。

第一次见面，她告诉我，母亲最近得了癌症，她正在考虑毕业后还该不该出去留学。

我有点不知如何回应。她提出的这个问题听起来很合理，我的感觉却非常奇怪。对一个还在念大学的女孩来说，跳过对于母亲生病的感受，很认真地思考生涯规划的解决之道，实在是一种不太寻常的状态。

见面几次后，我们终于发现问题所在。

“你知道吗？看着她一天比一天虚弱，感觉好不真实。她原本的脸蛋是那么漂亮，那么有光彩，可是一天天，我好像都可以看到她又憔悴了一点。我以为自己看到她那样的时候，应该要过去抱抱她，可是每次见到她，我就好想冲出门去，最好是现在就赶快出国，不用看到她这个样子。”她说。

“什么样子？”我问。

“就是不知道明天又会变成什么样的样子。”她回答。

“不知道什么样的样子，是有一天可能会不见的样子吗？”我又问。

“停！”她突然大喊。

“嗯？”

“不要说那个字！”

“什么？”

“死。”她说。

我们一起停了下来。

“其实我觉得她正在死去。”她又说。

第一次，她为母亲生病而流泪。她的眼泪里有生气，有害怕，有无助，也有对自己感受的深深允许。

下一次我再见到她时，她为母亲拍了照，照片中的母亲虽然面容憔悴，却充满慈爱地笑着。再下一次见到她时，她拍的照片又多了些，还带了几张母亲年轻时的照片。下下一次，她则为母亲写了一首诗……

她一直在做些什么，直到母亲真正走到生命的尽头。母亲临终前，她走访了母亲的老家，搜集许多邻居老友对她的回忆。

然后她做成一本母亲的回忆录，在母亲的告别式上，她轻轻念着：“当我想念您的时候，我知道自己可以做些什么，仿佛您在。”

几年后，她结了婚，生了一个女儿。每晚，在女儿睡觉前，她总不忘唱着幼时母亲唱给她听的歌。当她感到寂寞与思念时，她会拿出当年为母亲制作的回忆录，记得生命中曾经拥有那么美好的关爱。

恒常，从怀疑开始

心爱物品坏掉，是对“物体恒存”的挑战。曾经相爱的人分手，最珍爱的亲人逝去，都是对“人物恒存”的挑战。这世界上有太多的人事物，在我们好不容易进入“物体恒存”“人物恒存”的信任后，又一次次勾起我们对恒常性的怀疑。

但所谓成熟，却是在这些怀疑中发现恒常性的存在；所谓独立，则是发现真正恒常存在的关系，不在于人的形体，而在于典藏心里与这个人相关的图像与记忆。

她对情感恒常的信任，从对母亲疾病的怀疑开始，最终在母亲过世之后，她建立得以恒常信任的伴侣关系。

我对情感恒常的信任，则从对爱情的怀疑开始，最终才回到与父母的关系。

你的呢？

关于forever

年轻时，最最不屑的，就是forever这个词
争的吵的，甘甜的苦辣的
岁月像风一样在重重搬迁的缝隙中溜走了

你还在，我也还在
好神奇
在相爱与憎恨，自由与控制之间
关系就这样留下来了
然后留下空隙，经营别的
有人际的，有自己的，有未来的
相信的但随缘的
生命就层层开展，也层层深入

然后兜了一圈回来，也许发现我们还在
然后也许，forever就发生了
孤单的也就被满上了

是婚姻，却坚持要称为爱情

第三站

学习信任关系：营造“我们”之间的地久天长

选择开启“真正的关系”

如果一个人没有深刻的感情，
别人对他还能有什么指望？
——狄德罗

“我们要如何和人建立长久稳定的关系呢？”在经历一个学期和人分手三次后，二十多岁的她问了我这个问题。

她眼神认真，我却扑哧一声笑了出来。

“老师，您这样很没有礼貌。”她杏眼圆睁，口气微愠。

“抱歉抱歉，因为这个问题，上个礼拜和上上个礼拜都有人问过。”

“真的吗？我以为是我有问题，才会问这种问题。”

“噢，那可不，我记得我二十岁的时候也在问这个问题：为什么有人可以爱情长跑、友情持久呢？”我清了清喉咙说，“你知道，通常是因为自己做不到，才会出现这些疑问。而事实上，我当时可能还觉得，即便是那些长跑爱情和持久友谊，肯定有结束的一天，只是还在苦撑而已。”

“是因为相信古言‘合久必分，分久必合’吗？”听我这么说，她心有灵犀地幽默接下去，“可是，老师您最后还是和一个人结婚十多年了，而且看来目前还没有离婚的打算。”

“这的确是。”

“那请问您是如何和这个人建立长久稳定的关系呢？”

“嗯，让我想想，也许就是从‘没想到要和他建立长久稳定关系’之后开始。”

“您说什么?!”

“我就知道你会有这种反应，让我说完嘛！”

“对不起，老师，我觉得您只是在打发和应付我。”

“先别急，你先想想，当你想和一个人建立长久稳定关系的时候，是不是就会对这个人有所期待？”

“嗯……的确是。”

“而且你也会开始对自己有所期待。”

“嗯……我不能否认。”

“所以你在问我这个问题的同时，其实只是反映你分手后期待落空的懊恼，而不是认真地想要和我‘讨论’这个问题。”

“嗯……虽然我刚刚没有想到，但也许您说得没错。”

“所以当你带着一个你没有意识到的目的来和我谈的时候，你就把我摆进一个‘他者’的位置。我对你的意义只是要安慰你分手后的懊恼，给你一个让你心情比较好的解答，而不是真的能和你一起去探寻这个问题的答案，因为你心里并不是真的打算来询问我的意见。所以我现在宁可陪你去吃吃东西，或是听你骂骂那个人，至于‘长久稳定的关系’这种议题，还是等你想清楚自己为什么要问以后，再来谈吧！”

光靠“分手”，不能解决问题

一周后，她再次走进我的办公室。

“老师，我想得更清楚了。”她说。

“噢，是吗？你想到什么呢？”我问。

“我对您上周提到的，我对您有期待，对别人有期待这件事情，非常有感触。我想，我就是因为在关系中都对别人有期待，所以这段关系到最后才会失败。但同时我又感到困惑，喜欢一个人、爱上一个人，难道就不能对他有期待吗？”

“当然，我很认同你说的，我们对喜欢和爱的人一定会有期待，只是你可以有你期待的权利，而他则有不需要满足你期待的权利。”

“那这段关系还有什么意义呢？不就只剩破碎和伤心而已吗？”

“那可不一定，破碎和伤心主要来自：你不认识自己的期待，也不认识为何他不想满足你的期待。所以你看到的就会是‘我们两个意见不同'，而'他不愿意让我'，再严重一点，可能会想成'他不够爱我'，甚至是'我就是一个不会让人真心爱着的人'。简而言之，当你和他都没办法看到'真正的你'和'真正的他'的时候，破碎和伤心就发生了。"

"天啊！老师您怎么知道？虽然这三段感情都是我说要结束的，但我的确就是觉得'他不爱我''我一定不是他要的'，我们一定不可能长久走下去，那还不如赶快分手吧！好像脑袋里一直有一个声音缠着我不放，阴魂不散。"

"所以你们之间一定发生了什么，让你心里这种声音不断出现，但有趣的是，连续三次，当那个声音出现的时候，你并没有选择去认识那个声音，和它对话。所以我猜，也许结束关系对你而言比较容易，去认识'真正的你'和'真正的他'反而比较难？"

她陷入长长的沉思，许久不说话。

"老师，我从没有真正想过，原来真的是我选择把几段关系都结束了。每次我感觉到自己不被在乎的时候，就想赶快把这种感觉甩掉，所以我会说：'不然分手好了。'重点是，他也没有留我。"她叹了一口气说，"我想，他不在乎'真正的我'，我们根本就不是一段'真正的关系'吧！"

"在你心中，什么是'真正的关系'呢？"我反问她。

"嗯……应该就是'长久稳定的关系'吧！"

"那如果你不选择结束，不就往长久迈进一些了吗？"

“啊？这……”她想了想，“可是我们关系这个样子，有一天也是会结束的吧！”

“换句话说，你根本就不相信有长久稳定的关系？”

“这……我没有不相信这世界上有长久稳定的关系，只是不相信自己会遇得到。老师，您是怎么遇到那个人的呢？”

“我也没有遇到，我只是体认到一个‘心理学现象’。”

“什么样的‘心理学现象’呢？”

“我发现：我在不同的人身上会感受到一些相同的快乐和难受。比如说，我喜欢知识渊博的男人，我喜欢他们像‘会走路的百科全书’，每时每刻都能信手拈来，教我一些常识，我喜欢自己在那些瞬间变得像个‘笨蛋’，不需要用脑袋，傻傻地听着、照着做就行了。”

“呵呵呵，老师，您看起来这么精明，我真是没想到您喜欢自己像个‘笨蛋’一样不需要用脑啊！”

“噢，也许你说对了，我‘以为’自己喜欢像个‘笨蛋’一样，可是当我讲起自己的专业领域，而这些男人还要照着那副‘知识渊博’的模样，对我在专业谈论上狂给意见的话，会怎样呢？”

“哇！那简直找死。”

“是的，在那种时候，‘被当成笨蛋’的感觉非常不舒服。于是我就会用很多的‘可是’去反驳他的话，他也会用‘你干吗听不进去我在讲什么’来回应我。在那一刻，我原本爱极了的‘知识渊博’，变成一种让我气得全身发抖的特质。但是，那是同一个他，那份特质是始终如一的。”

“哎，您这是爱上不适合您的人了，该分手了该分手了。”

“不，当这种感觉重复在不同关系中出现，我才开始体会到，原来当我在关系中感到难受的时候，并不是‘这个人做了什么’让我难受，更有可能的是‘我自己的难受’让我难受。”

“您说什么?!”

“你想想看，喜欢像个笨蛋一样，不需要用脑袋地跟着一个人，是什么样的感觉呢？”

“嗯……”此刻她闭上眼，认真地品味我所说的感受，“老师，我想那是一种‘充分依赖的感觉吧！’”

“你说得很好。”我继续问，“那我在谈论自己专业时，他狂给意见的感觉呢？”

“嗯……”她仍闭着眼睛，眉头此刻微微皱紧，“那是一种……‘喂，你不会说一声好棒吗？’一种不被尊重、不被肯定……不被看见的感觉?!”

“是的，我发现自己一方面享受着好好依赖一个人，一方面又希望我依赖的这个人肯定我是有能力的，可以独立的。”

听到这里，她眼眶泛红，阵阵点头，却又默默不语。

“正如同他一如往常是那个‘知识渊博’的他，是我自己内在依赖和独立的矛盾，想要被看见和肯定的渴望，让我在与他亲近时重复发作。这就是我说的，是‘我自己的难受’让我难受的意思。这也是心理学上谈到的‘潜意识’，是平常我们不容易觉察到的部分，但它是这么真实地存在，甚至入骨地啃噬我们的心灵，狠狠地深入我们与人的关系。换句话说，潜意识会引导我们喜欢什么样的人，和什么样的人配对，这确确实实不是一个光靠‘分手’就能解决的问题。”

“那该怎么办才好？”

“首先，你要先想通这点：当我们在一段关系中觉得难受的时候，马上想要跑掉，而没有任何清楚的领悟或学习，这种结束只是一种难以面对自己的‘逃避’而已。”

她点点头。

“然后你会发现：原来，不管是好的、坏的，引发我们快乐或难受的关系，都是为了让我们更懂得看见和贴近自己。如果关系——尤其是亲密关系，有这么重要而神圣的意义，我们怎么会舍得轻易结束呢？”

她突然大哭了出来：“舍不得，舍不得，真的……舍不得。”

面对关系，态度是“我与你”，还是“我与它”

我和她的谈话指向心理学关心的一个重要命题：什么是真正的人际关系？

心理学家马里奥·亚考毕借用哲学家马丁·布伯在著作《我与你》

中的概念“我与它”“我与你”，来反映何谓“真正的人际关系”。

“‘我与你’是一种对于‘完整的人’的态度，‘我与它’的态度则非如此[1]。”

当我们以“我与它”的态度来面对人我关系时，在“我”以外的外在环境和人，就仅仅是“我”反映自己内在世界的投影，别人就成为我所有需要、期望、幻想、恐惧投射的客体，也就是一种“我”内心世界的附属品。在这种态度下，我会用自己的观点去看待他人与世界，而看不到这个人真实的所作所为与完整的样貌。

比如说，一个男人相当重视女朋友的美貌，他可能是无意识地透过女朋友的美貌，来维持自己在男性自尊上的需要，他希望旁人对他能够吸引漂亮女孩的能力感到敬佩、羡慕，甚至嫉妒，他才觉得自己是个彻底的成功者。但他女朋友可能会因此恐惧，害怕男人的爱是因为自己的“美貌”，而不是因为自己“这个人”，所以她被自己失去美貌的噩梦纠缠，直到最后出车祸毁了容貌，才能确实证明这个男人的爱。

这种“我与它”态度中的“它性”感，会阻碍人我之间真实的“我与你”的互动。那么，我便活在自己的想象和已然习惯的无意识中，你只是我想象世界的一部分；而你则活在你的想象及你习惯的无意识中，我只是你想象世界的一部分。我们被彼此的想象和无意识隔离，没办法体验到真实完整的“我”和“你”。

---

① 见《二十世纪宗教思想》，约翰·麦奎利著。

我们之间可能有“爱神的力量”，让我们能够“相互联结”，却没办法发挥“理性的力量”，把“你”和“我的想象世界”区分开来，以便我们能够客观地彼此认识，真正地“相互了解”。

缺乏“相互了解”的关系，只是单独的我和单独的你之间的相互吞噬，而不是一种相互滋养的认同与融合。

马里奥·亚考毕说：“这就失去了‘真正的关系’的意义。”

有伴视框后，我们不再只考虑自己

一段真正的关系，不需刻意强求，自然会长久稳定。至于是否要开启一段真正的关系，选择权在我们手上。

当我们开始学习透视关系当中“我和你”的无意识，就让潜意识少了扭曲对方的机会。我不再只关心自己的快乐与难受，而开始关心“对方做了什么让我快乐与难受”以及“我做了什么让对方快乐与难受”——这是一种“有伴视框”，我们不再以一个“自己”的位置来思考，而是用一种“关系”的视野来思考。最奇妙的是，当开始活在这种“有伴视框”下，我们居然更认识与贴近自己。

虽然，结果也许仍然不一定能完全摆脱破碎与心伤，但我们却一步步踏进更真实的自己，更真实的爱。

这一切都让我们的投入分外值得。

真正关系的入口，“希望感无所不在”

因为拥抱了爱，才有悲伤。
——加缪

既然要打开“有伴视框”，开启真正的关系，想来必然有一番付出与投入的过程。

那么，是什么力量支撑我们在关系中继续行走下去，最后还能开出彼此滋养、自我了解的花朵呢？

如果四十岁还是这样

进行关系治疗时，“希望感”是我首要处理的事。

当然，关系治疗绝不可能这么简单，只是由两个觉得自己有问题的人，抱着想要解决问题的心态与想法前来。在所有谈论“关系”的心理治疗中，几乎当事人都以这样的语句开头：

“都是他啦！”

“我觉得我们没救了。”

然后我会在治疗室里听着当事人用这些无望的语句相互攻击，心里却浮现一种诡异的感受与疑问：

“如果真的这么糟，你们干吗还要坐在这里浪费时间呢？”

多年后我终于明白，这是因为在我们心里，“希望感”无所不在。

只是我们不见得明白。

一对夫妻结婚多年，满怀期待地怀上一个孩子。谁知孩子刚出生就得了罕见的先天性疾病，他无法自行呼吸，得靠仪器协助才能维持生命。

夫妻两人面对这种意料之外的状况，乱了阵脚。太太成天以泪洗面，辞去工作，每天晚上不敢合眼，心心念念呵护着她刚出生的宝贝；先生则更努力地投入工作，直至深夜，和太太之间藩篱渐深。

孩子慢慢长大，已不再需要依靠仪器生存，却到五六岁还不会说话，走起路来身子歪斜，太太看了非常心疼。

“我已经不想再过这样的日子了，我决定如果到四十岁还是这样，我要和他离婚。”太太当着先生和我的面，正式宣告。

只见先生脸色一沉，我则对太太的描述感到困惑。太太当年不过三十好几，离四十岁还有数年，如果真的要离婚，何不选择直接走进律师事务所，而要来找我们这种像是在耗时间消磨别人耐性的心理工作者呢？

“可能，我对和他的关系还抱有一点点希望吧！”我提出质疑后，太太伸出她的小指，比出不过零点几厘米，展现她渺小可怜的希望。

“所以你在这里，是不是想看看能否把这一点点希望，变成大一点的希望？”我伸出自己的整根手指头，响应她渺小希望背后的深刻需要。

太太沉默无语。倒是先生仿佛第一次听到她这个宣告，斩钉截铁地说：“我不会和你离婚。”

她的泪水突然从眼眶涌现，先生伸手拥抱她。

希望感，无所不在，“一个拥抱”之后终于明白。

“你真好看”让人重拾希望

进行个别治疗时，“希望感”仍是我首要处理的问题。依照临床经验，所有人的痛苦几乎都因人我关系而生，有时因为太痛苦，宁可选择把眼睛遮起来，告诉自己：这世界没有希望。

只要凡事别心存希望，仿佛就不用接受失望的痛苦。

初见那位刚失婚的太太时，她脸上挂满了忧郁。

我仔细端详她的面孔：年近半百却风韵犹存，额上散落几撮杂乱的发丝，脸色疲惫，瞳孔暗淡无光，苍白的脸颊和唇看起来了无生气，像没有灵魂的僵尸一般，有些吓人。

我说：“真是可惜了你清秀的五官。”

她没有搭理我，忙着描述失婚背后的故事和哀愁，倾诉自己如何丧失生命动力和自信。

几次之后，我忍不住送她一支淡橘色的唇彩：“帮个忙，下次见面的时候，涂点口红再出门好吗？”

下次再见，她唇上多了点淡橘的香气，连带着脸颊好像也出现些血色。噢，她额前的发丝难得用一根发夹向后拢。

“真好看。”我说。她回报浅浅一笑。

之后每一次，我见到她唇上的淡橘色时，她身上总有某些不一样：新剪的头发、换了颜色的衣裳、更深的微笑（我才发现原来她还有个小酒窝）。

等到那支淡橘色的唇彩用完后，她告诉我，她要再婚了。

不等我惊讶的表情，她眉目微弯笑着对我说：“每次我在镜子前涂那支口红，就会想起那句话——‘真好看’，没想到越涂我越觉得，还真是好看呢！呵呵。”

希望感，无所不在，“一支口红”之后就能明白。

你的希望感，在哪里

当你选择不去面对心里的希望感，你会以为自己对别人、对家庭、对社会、对世界都感到灰心……你可能尽量避免与人建立关系的各种场合与机会，或是揣测那些接近你的人可能不怀好意。你没办法真正打开心胸信任、接纳别人，你可能以为是自己过去受的苦、吃的亏、遇过的背叛太多了，你小心翼翼、谨言慎行，不让自己轻易放开，并且把自己过去不愿意面对的创伤，转化到未来可能遇到的每个人身上。

于是你将听不到，心里的希望感其实无所不在，对关系的相信一直在心灵深处呼唤着你，你将听不到此时此刻心底最真实的声音。

因为恐惧，你不愿看见希望。但即使如此，希望感还是如影随形地覆盖在你心底最柔软的那个角落、每一个细胞的记忆里，那么温柔而真实地存在。

人生不能没有伴，学习信任关系的第一步，是重新“执起希望”。

你的希望感，要在哪里才能明白?

“我们都有份”，才有改变的空间

你们各自在关系里，放了什么毒？
——李维榕

当“人”遇上“他人”，就组成了“关系”。我们不再是个别的零件，而是经过组装的整体。

这是一种“关系”的视野——“有伴视框”——我看到的不再是我自己，也不只是“我”和“你”，还有我们之间的“互动”。

我特别喜欢用一个抽水马桶的比喻[1]来解释如何打开这种“关系”的视野。

想想，如果有一天，你上完厕所，正想去冲，没想到按钮居然不灵光了，无论你怎么按，它依然松垮垮地没办法带动一点

① 见《关系的评估与修复：培养家庭治疗师必备的核心能力》，第一章《成为家庭治疗师》，赵文滔、许皓宜著。

水声。

这种时候，你觉得马桶的问题出在哪里？你又该怎么办呢？

有经验的人都知道，把马桶水箱的盖子打开，可能会发现马桶开关和水箱里的浮球中间连接着一条铁链，如果这条链子掉了，开关就没办法启动浮球，水箱里的水当然无法冲进马桶，你只要把那条链子接上去，马桶就会恢复它的功能。

当然，除了这个问题以外，可能还有其他各种状况。然而，这往往不是换掉一个马桶开关就可以解决的问题，真正的问题还有赖你打开水箱，看清楚马桶内部的构造。

人与人之间，就存在这种看不见的连接。当我们没有去打开水箱，便看不见真正的问题所在，于是就算花了许多力气，还是没办法解决窘境。

直到你发现：什么？原来马桶开关坏掉，水箱里的浮球也要负责？

我们才不会找错地方、怪错冤家，才能真正找回那个功能得以运作的整体。

这种“关系”的视野背后有一个最重要的精神：不论人我之间发生什么事，不论你觉得自己是不是受委屈的那一方，所有存在于关系中的问题，都是彼此影响、互相推动而来。

人我之间的问题，原来，我们都有份！

肯定是发生了什么，引发“动念”

“他”气急败坏地冲进来，十足男孩打扮的外表，仔细观察却能知道是个女儿身。

“我要申请男生宿舍。”她说。

真抱歉，这样的开场实在很有问题。

首先，这间办公室是进行辅导的地方，不是申请宿舍的地方；其次，在学校待到最后一个学期才提出这样的要求，肯定是最近发生了什么事，引发这种“动念”。

“最后一个学期了，我的几个好朋友打算搬回学校宿舍，那天我帮他们一起搬家，可是到宿舍门口的时候，他们居然跟我说：‘你……进来男生宿舍不太好吧！’”她说，口气愤愤不平。

“所以，好朋友是一群男生吗？”我问。

“是啊！就是一群男生。”仿佛要解答什么疑问似的，她又说，“我们平常本来就都混在一起，我只是生了一个女生的身体，但心里是个不折不扣的男生。”

“这个我能理解，但他们说得也没错，你毕竟是个女儿身，按照学校的规定，的确不能这样闯进去。”我说。

“这不公平！”她反驳，“所以我要提出申请，我要住男生宿舍。”

坦言之，我并不觉得她的要求不合理，但如同我们先前谈到的，在毕业前夕提出来，肯定是心里的某部分被好朋友的话触动了。所以我把她前来辅导部门申请的这件事情，解读为“求助”。

简而言之，虽然她的大脑告诉她要采取某些行动，她的情感却告诉她不要孤军奋战，得找人帮忙。

如此的理解让我知道，她并不如表面上看来的那样“愤怒”，事实上，这种生气与激动可能是一种“失落”的反应。

“我想，你和好朋友的交情不是一天两天了，对吧？”我问。

“那当然。”她斩钉截铁地说。

“你进出他们住的地方也不是这些天才发生的事了，对吧？”我又问。

“我们之前是住在一起的。”她一字一字用力地说。

“所以我猜，和他们在一起的时候，一切都那么熟悉，就好像你生下来就和他们没什么两样，是个百分之百的男儿身。直到一切回归体制和规定，你才突然发现，原来你和他们终究是不同的？”缓了缓语气，我问。

她抬头看了我一眼，低下头没有说话。对我而言，这通常是一种默认的表现。

“你知道吗，你一开始说的‘我只是生了一个女生的身体，但心里是个不折不扣的男生’让我深深欣赏，可是我在想，是不是好朋友的话突然让你吓了一跳——原来在那些男生眼里，不管你们感情多好，你和他们终究不一样？”我说。

“这真的不公平！”她说。不再是斩钉截铁，而是一种哀伤。

找到你在关系中的那一份责任

原来这孩子曾经考虑过改变自己的生理性别，但她发现自己心里仍然存有生育的梦想，于是在性别探索的路上就这样充满暧昧的矛盾。有时连她自己也弄不清楚：我究竟是认同男生、还是认同女生？是喜欢女生，还是喜欢男生呢？

但为了和一群男性好友鬼混嬉戏、生死与共，她关起了心头的矛盾与害怕，强迫自己挺起胸膛告诉别人：“是，我就是个女儿身，男儿心。”

我佩服她的“坚强”，却又不得不提醒她，这是一种“勉强”。

如此为难自己的万分努力，无怪乎她对朋友的话会如此“敏感”了！

“所以你究竟怎么看待好朋友阻挡你进入男生宿舍这件事呢？”厘清“坚强”与“勉强”后，我问她。

“也许我觉得那是一种排斥吧！”她说，“其实从那时到现在，我都没有和他们说话。”

“所以你觉得他们真的是排斥你吗？”瞅着她的眼神，我又问。

“理智上知道他们不可能排斥我，但心里还是觉得难受。”她回答。

“把你的难受说出来！”

“为什么我不能跟他们一样，想进男生宿舍就进男生宿舍，想住哪里就住哪里？为什么我不是男生？为什么我连自己是什么都不知道？为什么……别人没办法接受这样的我？”

“那你得要先去问：你的好朋友到底有没有接受这样的你？事实上，你有责任先告诉他们，你到底是怎样的你。”

表情在她脸上变换，一抹微笑露了出来：“哈……看来我得先好好思考，我是怎样的我。”

“哈……真是抓到重点了！如果连你都不知道你是怎样的你，怎么期待别人接受这个连你都不清楚的自己呢？没准不是你的好朋友在排斥你，是连你都还没有了解和接受自己。”

“啊！您这句话还真狠。”

“哦？不就是刚好反映你踏进这里的模样而已吗？”

“哈……是，您说得没错。”

“也许当你好好思考之后，学校会因为你的这些反思，多了一些‘进化’的可能性。任何人和组织都不是万能的，我们不可能事先预料到各种不同的状况，但当你愿意表达出你的心情、你的思考、你的立场，就让我们这些平凡人的眼界更开阔一点，让这个世界多一点改变的机会。”

一周后，校园里开辟了一个“多元性别空间”论坛。

当然，发起人是这个孩子——和她的朋友们。

我想,他们各自找到了自己在关系中需要负起责任的“那一份”。

理解潜意识的“神秘吸引力”

爱，
它怎样产生，怎样发展，怎样消逝，
全是秘密。
——屠格涅夫

如果要寻找朋友、挑选伴侣，你能说出自己寻友择伴的标准吗？

倘若你是迈入中年的单身男女，肯定被问过这类问题：“嘿，你喜欢什么样的对象啊？”

你可能开始思考了，嘴里却只吐得出一些了无新意、笼统到不行的答案：

嗯……有正当工作，经济独立。

嗯……长得不讨厌就行。

嗯……聊得来的。

然而，等真的去结交朋友、谈情说爱，却又偏偏不是这么回事。

这是因为我们意识上虽然有一套寻友择伴的标准，但潜意识却藏着一股我们可能无法理解的“神秘吸引力”。心理学家将这种亲密关系中的心理现象称为“潜意识配对”[1]。

无法言喻的第一印象

青春期转成人的时候，我穿上制服成为一个初中生。

开学第一天，在满是陌生人的教室里，我第一眼注意到一位短发娴静的女孩，她一手拿着鲜奶盒，另一手以相当优雅的弧度晃动着吸管。那幅画面充满恬静的气质，于是我直直地往她身边的座位走去，傻不棱登地问了她的名字。

那年，我们成了最好的朋友。安静如她，聒噪如我——每每我说着，她总是微笑点头听着——我们一同创造了“我说她听”的关系，充满和谐的默契。

初中毕业后，她被家里送到澳大利亚念书。数年不见，高中毕业后回台短暂停留的她，不忘与我联络。

再次相见，她已经不是当年那个短发娴静的小女孩。她烫了一头大卷发，说话开始混杂西方的腔调。更令我惊讶的是，她开始笑不遮嘴、口无遮拦，喋喋不休地和我讨论起外国男孩的趣事。

---

① “潜意识配对”出自亨利·迪克斯对伴侣治疗的理论，他认为夫妻两人的结合不仅是意识上的选择，更是潜意识的互补（unconscious complementariness），人常常会在他人身上看到某部分的自我，并对这部分自我产生反应。这个概念也可为伴侣以外的亲密关系带来延伸性的启发。

当她聒噪地说着，我在这段关系中却好像失去了自己的位置，我们开始变成一种“我说她也说”的关系，充满嘈杂的不和谐。

“你为什么都不听我讲话？”她终于抗议。

“你才没在听我讲话！”我也抗议。

两个最好的朋友，大吵了一架。

“潜意识配对”的精神在于：关系中所发生的一切，都是两人的“共同演出”，我们可以视为一种“潜意识的同谋”，任一人所说的话其实都代表着两个人的心声，任一人所扮演的角色都是因对方的需要而存在。

所以不管是“她听我说”，或是“我说她也说”，都反映了我们内在共同的需要：渴望被听见、被理解——这是我们关系的联结点，也是我们之间的“神秘吸引力”。

正是因为每个人心里都存在独特的“神秘吸引力”，我们往往不会想和一个“感觉中庸”的个体建立更亲密的关系（这便是“我对你没有感觉”——“好人卡”的来源），而会找一个让你内心纠结不已的人。

我理想中的，与我失落的

引发我们内在纠结不已的人，往往符合两个特征：

其一，他身上具有我理想的特质；其二，他身上具有我失落的特质。

例如，在我的生活经验中，“孤单”是生命中最重要的脚本，“不停地说”是自以为赶走孤单、建立关系的理想模式。我对她“安静聆听”的想象，无疑让她成为我心目中最理想的朋友人选。

而在她的生活经验中，传统教育让她跟不上脚步，学业的挫折让她提不起年幼时的自信。我那“聒噪般的自我肯定”让她看见失落的自己，点头微笑看着我的同时，她仿佛也肯定了心里的自己。

于是，她就这样推动我“说着”，而我则促使她这样“听着”——我们的潜意识让彼此的关系形成一种意识层面无法理解的共鸣与互补。直到她慢慢找回失去的自己，我们才发现，原来彼此是一种如此相像的存在。

我们似乎该为彼此高兴，但我们首先感受到的，却是对彼此的无法适应。

当关系出现问题，是一种内在的相互扰动

当一段关系出现问题的时候，绝不只是我做了什么或你做了什么，而是我的议题和你的议题相互扰动，让我们的相处模式呈现一种无法修复的僵局。

于是我们要保持一个自我觉察的位置，透过我们的相处，唤醒彼此内在沉睡的潜意识记忆。这里头可能存在我们原本拥有但成长过程中失落的，也有我们一直不曾拥有却期待获得的。

我们因内在的理想和失落联结在一起，当我们之间发生问题，

则是那些理想与失落记忆被唤醒的时刻。

如此可恨，又可爱

在我踏入结婚礼堂那天，“最好的朋友”是我的伴娘之一。

新娘造型师来帮我们化妆时，我看着她左指右点，将大部分的时间耗在自己身上，心里突然浮现一股吞不下的怒气。我控诉她自私，她则满脸错愕看着我，简直不敢相信我会这样跟她计较。

我永远忘不了，大喜之日当天，我和她一把鼻涕一把眼泪地彼此对骂。

我讨厌她那副自以为是主角的样子，是我内在的手足议题，害怕她夺走自己拥有的一切。我爱她，因为她亲如我的姐妹；我恨她，也因为她仿若我的姐妹。

她如此重视自己的妆容，也是因为我亲如她的姐妹。她与我之间无意识的竞争，正如同她与自己的亲姐妹，但她对自己完美的期待，也正是她想用最好的状态送我出阁的爱。

你说，我们到底谁该让谁呢？

在表达真心后，我们终于发现彼此是如此可恨又可爱。

十多年过去了，我们用这样“可恨又可爱”的发现，学习共融而互相接纳着。

她嫁往一个遥远的国度，我则时常想念着，如此爱着又恨着的她。

认识如影随形的“家庭原型”

当你离开原生家庭，
却还是抱怨着过去发生什么事，
你可能不曾真正离开过家。

如果我们每个人身上都背了一个壳，走在一条称为“人生”的路上，当我遇到了你，而你也遇到了我，我们也许从自己的壳里伸出头来探探对方，却还是在这种负担下与彼此接触。

直到我们回头窥探自己身上的壳，才发现：原来身上的负担是来自原生家庭的记忆——那里记载着我们生命中最好的时光与最坏的时刻。

我们人生最初的模样，刻印在潜意识的数据库里，我们可能有千百种理由让自己不记得它，却不代表它从此就不存在。但透过某些与潜意识记忆相关的“触媒”，在各种视、听、闻、尝、触的感官经验下，过去意象将被引入到此时此刻，影响我们当下如何看待事件与对待他人。

心理学家将那些刻印在潜意识中的意象定义为：处在“时间—远程”[1]的记忆。在这些记忆里头，时间好像是不被察觉、不曾存在的，那些重要的意象仿佛永恒一般，潜抑在心底最深处。

偏偏，当我们与亲密的他人相遇时，也正是感官经验最敏感、最容易打开的时刻，于是这些生命中的好与坏不断被引发。

如影随形。

家庭原型：那最好的时光与最坏的时刻

一位中年太太走进咨询室，倾诉先生有亲密关系的障碍，两人感情冷淡，无法过正常的夫妻生活。先生一边聆听太太对他的不满，一边出现大舌头的反应，说话结结巴巴，连一句话都没办法表达清楚。

“你看看，他平常和别人说话都好好的，但只要和我说话就这副德行。”太太说，一脸哀怨与鄙夷，“好像老鼠看到猫一样，没办法沟通，我有这么恐怖吗？”

---

① 客体关系治疗谈到时间与心理状态的关系，认为依照时间维度可以区分出两种心理状况：“时间—近端”（time-near）及“时间—远程”（time-far）。在前一种状态下，人们非常有现实感，在意时间的流逝与存在；在后一种状态下，人们则陷落在情感当中被其控制，对时间少有觉察。弗洛伊德也曾说过，人的潜意识是无时间概念的，因而会把幼时的事错认作现在发生的事。

“你觉得呢？你有那么恐怖吗？”我问。初次见面，实在不好意思直接告诉太太，她的言语的确咄咄逼人、令人恐慌。

“我才没有。”太太说，表情开始出现委屈了，“很多时候，我都想要好好跟他聊聊天，可他总是不听我的。”

“是吗？”我问先生。

“这……这……这……也不是……”先生好像急于解释，但断断续续，实在也不清楚他要表达什么。这对夫妻就像太太所形容的：老鼠和猫——而且是被剪了舌头的老鼠和装了扩音器的猫。

“哈哈哈哈。”听到我的形容，太太爆笑，气氛总算缓和下来，先生因为紧张而僵硬的肩膀终于放松下来。

是的，不管什么样的关系，我们总可以看到一幅鲜明的画面，那是夫妻之间互动的模样，也是他们彼此交会之后呈现出来的模样（神奇的是，这种互动与亲密之人以外的对象还不容易出现）。倘若这幅画面总是僵化不动——就像这对夫妻的互动，老鼠永远被剪了舌头，而猫永远装了个扩音器——就表示夫妻心里过去的潜意识记忆，在对方身上获得引发。

而这往往来自他们在原生家庭中最初的模样，来自那些生命中曾经美好的时光与毁坏的时刻。

焦点式的过去探索

“所以发生了什么事让你这只猫永远都要装上扩音器呢？”在

夫妻鲜明互动出现后，我先问太太。不为什么，就因为她和先生说话时凶猛的模样与拼命扯开的嗓门。

“因为我常常不确定，他到底有没有听到我说的话。”太太回答。

“怎么说呢？你脑中有想到什么画面，让你有这种感觉？”我又问。

“有一次，我和我姐姐发生了很不愉快的事情，她们误会我很深，让我很难过。回家后我想和他聊聊这件事情。你知道吗？做老公的，没有安慰我也就罢了，他居然跑到阳台去洗衣服。我看到他突然这样闪进阳台的时候，整个心都凉了，几十年的夫妻，我不知道他为什么要对我这样无情。”讲到这里，太太难以控制悲伤，忍不住趴在自己的腿上哭了起来，“你为什么要这样对我？”

果然，先生面对太太的眼泪和询问，整个人就像石化了一般，什么话也说不出来，“我……我……我……”几个字吐了半天，也吐不出半句话。

“你先不要急，可不可以先想想，你跑进阳台的这个举动，是你太太所说的，你不想听她说话的意思吗？”看先生那么紧张，我忍不住也跟着冒起冷汗。咨询室里的气氛果然就是这样相互传染。

“不是。”先生回答。太好了！虽然只有两个字，但一次完整的对话就是一种进步！

“不然呢？”太太问。感谢老天！这么短的一句话，比起之前一堆控诉的状况实在好太多了！

“我想帮你把衣服洗一洗。”先生又说，声音虽小，但没有结巴。

“我在难过，你为什么要去帮我洗衣服呢？”太太听到这个回答，一把火又上来，音频又变得尖锐起来。

“先等一等，你有没有发现，当你装上扩音器的时候，你先生的舌头就会被你剪掉。”我解构了这对夫妻相处的模式。

太太听到这句话，沉默了下来。

“我和你太太有同样的疑问，我觉得她刚刚似乎表达得很清楚，她难过时需要的是你安慰她，为何你会先想到要去帮她洗衣服呢？”同时我也问了先生。

“帮她洗衣服不就是安慰她吗？”果然，太太沉默以后，先生的话语就开始变得完整而不被切割了。只是先生这句话倒也让我恍然大悟——是啊！为何洗衣服就不是种安慰人的方法呢？

“所以你是说，你安慰一个人的方式，就是去帮她做一些事情，是这样的吗？”谈到这里，我总算懂了一些刚刚不懂的事。

“你真奇怪。”太太在旁边又吐出一句话。还好，语气已经不似开始时激烈。

“我也有同感，不知道是不是对我们这样的人来说，这种安慰人的方式的确有些特别，你不是坐在那儿听，陪她说话，或者递纸巾给她……你是从哪里学到这种安慰人的方式呢？”我问先生。在家庭治疗里，当我们看清楚夫妻互动当中一些特别的习惯与模式，我们总会问：“那是从哪里学来的？”这叫作焦点式的过去经验探索[①]。

“唉……”先生叹了一口气，抬头看了看太太，“你知道的，我家里有六个妹妹。”

哇哦，原来先生从小生长在女人窝。我忍不住惊呼一声。

“我第一次知道的时候反应跟你一样。”太太忍不住响应我的惊讶。噢，此刻的气氛才叫对话嘛！先前那样，根本叫作抢话！

“小时候我们家务农，我爸妈总要去田里忙，我是老大嘛！一边上学念书，放学就要帮忙照顾六个妹妹。她们年纪都很小，肚子饿的时候常常一起放声大哭……”先生回忆自己的童年往事，脸上的表情像是幸福，又像一种无奈，“每次妹妹哭的时候，我妈就塞奶给她们喝，这个喝完换那个喝，奶不够的时候，米麸搅一搅就代替了，年纪小的孩子有东西吃就什么都不记得了。我妈不在的时候，她们只要开始哭，我就也赶快用米麸、饼干把她们嘴巴填满就是了，不然就换换尿布、扇扇凉，总之就是为她们做些事，让她们身子好受一点。”

我突然开始想象起眼前这位先生小时候的模样，仿佛可以看到

---

① 结构派家庭治疗创始人萨尔瓦多·米纽庆及李维榕等人的《家庭与伴侣评估：四步模式》中，提出“焦点式的过去经验探索”这个概念。在传统的心理分析中，认为早年家庭记忆对人们影响甚大，若要解决问题即要充分探索早年经验。米纽庆的“焦点式探索”可谓改良式的做法，他认为若人们能先发现某些在关系中重复出现的模式，即能“聚焦”于发现这些模式的过去根源。

一位小男孩，在一群女娃儿中穿梭，左手拿食物、右手拿扇子——原来这种行动式的作为，是他最贴心的时刻，也是他生命中最忙乱又最美好的时光。

“你能理解他刚刚所说的吗？也许他不习惯用语言来表现爱与安慰。但你似乎对他没办法好好和你说话这件事情感到很火大。”理解了先生的行为，我问太太。相处几十年，我认为太太不是不懂，而是无法忍受。只是，为什么无法忍受呢？

“唉……所以我生命中重要的男人，总是没办法好好和我说话。”先生的童年经验勾起了太太对自己父亲的记忆，“我爸也是一个很遥远的人，我考试考得好的时候他不曾说话鼓励我，我难过的时候他也没有说话安慰我，就是一副永远很严肃的脸，很令人害怕的模样。”

“那你得要好好看看你先生脸上的表情，我认为他看你的样子一点都不严肃，顶多只能说有点呆滞或害怕。”我说。

夫妻俩都笑了出来。

理解后，我们重新开始吧

这对夫妻要结束咨询的那天，我为他们准备了一束花，趁着太太去上洗手间的时候，将这束花交到先生手上。先生拿到花束时，表情十分慌张地问：“啊……那我等一下要和我老婆说什么？”

“我们可以帮你准备道具，但没办法帮你决定你要说什么，不然问问你自己的心吧！”我说。

太太回来后，看到先生手上的鲜花，狐疑地转头问：“这是你准备的对吧？”

我耸耸肩不置可否，但是先生却惊人地拿着那束花儿扑往太太跟前。

“以……以前的我，做得不够好，我现在知道你……我以后会努力。”先生说。那花儿拿得太近，还直往太太鼻子里戳。

太太抱过花，两行长长的眼泪就这样流下来：“结婚的时候收过一束捧花，之后就再也没有收过了。今天看到这束花，就像再嫁给他一次。”

我问太太：“有什么想对先生说的吗？”

她什么话也没说，伸手给先生一个拥抱。

只见先生肩膀紧张了一下，然后他慢慢地伸出双手环抱住太太的后背，一只手轻轻地在太太背上拍着。

也许，这是化解亲密障碍的第一步。虽然，未来还有很长的路。

将过去的记忆放回过去

因为那些早年的美好时光，我们对亲爱的人，总有深深期待；但也因为早年那些毁坏的时刻，我们常莫名其妙地恨我们亲爱的人，用主观的想象让他们无法翻身。

直到我们理解：那些越能让我们打开感官，体会爱恨情仇的人，其实是越能放心在他们面前展开自己内在的人；我们要有所认知：那些成年后所遇到的亲爱的人，其实是在帮着我们内在慢慢长大的人。

透过与亲爱的人相处，不断唤醒沉睡在潜意识里的记忆，唤醒那些原生家庭刻画在我们心底的原始样貌，唤醒生命中美好与毁坏的时光……我们最终学习着，将过去的记忆放回过去。

然后，看到现在的你，还有现在的我自己。

这是我们一起建构的，现在的亲密关系。

“好的改变”也需要适应

真正的关系是一种“生而死而生”的过程，
我们常常不知道自己在关系中已经捕获了宝物，
而只知道害怕或逃离它。
——克拉利萨·品卡罗·埃斯蒂斯

很多时候，在进行关系治疗的过程中，家庭、伴侣、同侪、朋友、亲密爱人……随着对彼此及自己的了解慢慢加深，行为上开始产生很大的变化（但通常，行为改变并不是我们做关系治疗的主要目标），而且往往是很令人开心的改变。例如，原本对太太不闻不问的先生突然牵起太太的手说要去看电影，原本一直喜欢往外跑的太太变得很早回家，原本酗酒后对孩子大吼的妈妈突然不喝酒了……你可能会想：这样不是很好吗？快乐圆满，大家可以手牵手回家，准备过幸福快乐的生活了。

偏偏，我在临床上看到的故事往往不是这样。从此过着幸福快乐生活的片段，仿佛只有童话故事中才会出现。事实上，许多关系冲破僵局，开始产生一些正向改变的时候，常常才是真正考验的开始。

因为看着对方开始产生变化，我们心里居然会产生一种怀疑的心情："咦，这是真的吗？"

于是我们心里可能浮现一种"等着看"的想象，看这个人什么时候会被打回原形，有没有可能之后变本加厉……

可不是嘛！"狗改不了吃屎"的俗话我们天天在听啊！

是的，请不要勉强自己一定要相信那些正向的改变，请把你对改变的怀疑说出来，因为即使是好的改变，我们都得给自己时间去松动原有的固执，去适应这些改变后的新的关系样貌。

令人怀疑的正向改变

医院里来了个单亲爸爸，离婚后带着两个女儿相依为命。

离婚的破碎经验太苦了，这位爸爸成天借酒浇愁，酒后就对长得颇像前妻的两个女儿打骂出气。

姐妹俩渐渐长大，爸爸为了不让女儿步上自己婚姻不美满的后尘，严格禁止姐妹俩与男同学太过亲近。高压管控下，妹妹终于承受不了，在一次激烈的父女冲突中离家出走，大学四年再也没有回过家。独自留在家中照顾爸爸的姐姐，负荷不了夹在爸爸和妹妹之间的压力，成了暴食症患者，餐餐咽下三个便当，夜半可以吃下五十颗水饺，然后在罪恶感下抱着马桶催吐。

为了帮姐姐治病，好久没和爸爸见面的妹妹，到医院来与姐姐及爸爸进行联合家庭会谈。过程中，我们不断合作拆解姐姐暴食压力背后的记忆，还有爸爸酗酒背后的痛苦……才不过两个多月的时间，姐姐暴食的频率开始大幅度降低，最神奇的是爸爸这两个月以来居然没有喝酒。父女俩坐在会谈室里显得精神奕奕，还会谈笑风生。

唯独妹妹坐在一旁，眉头深锁望着爸爸和姐姐，脸上没有欢乐只有紧张，眼神里盈满困惑和质疑。我问她想说什么，她像鼓起好大勇气一般，食指画了画眼前的两人，说："这种气氛感觉好奇怪。"

"哪里奇怪？"我问。

"有点……假。"妹妹说。

爸爸脸上表情一下严肃了起来。

"我不知道他们可以这样撑多久，我反而觉得，这只是蜜月期吧！"妹妹说。

的确，许多改变都是在时间当中慢慢摸索、试探与前进，一百八十度的转变不但令人质疑，也让人害怕。

我们总担心自己信任某些人事物之后，到头来只是一场骗局。

然而，即使是对改变感到害怕，对我们来说仍然相当有意义。这种害怕告诉我们两件重要的事：

其一，你已经碰触到自己对于信任关系的"黑暗面"了。

其二，你对这个人、这段关系的潜在记忆了解其实还不够深。

黑暗中令人感到熟悉的困境

在第一种状况中，你可能嘴上说着想要处理和解决关系里的问题，但事实上根本就不相信关系可能会改善，或者你根本就不希望这段关系有所改善。

为什么会这样呢？要知道，我们成年后在亲密关系中所遇到的种种问题，常常是复制我们早年在原生家庭中还未处理的困境。那些困境虽然让人难受，却也令人感到熟悉。

熟悉的感觉让人感到习惯——那是一种经过扭曲的安心。童年时期被辱骂长大的女孩，长大后不自觉要再找一个会怒骂自己的粗暴老公，就是一个例子。因为对这样的人来说，和谦谦君子相处是不自在的，吞忍别人对自己的辱骂，才符合潜意识记忆的经验。因此，即使原本找到的老公是个谦谦君子，她也会想办法把他变成一个会辱骂自己的人。

这是一种阻止自己内在成熟的障碍，也是一种信任真实关系的困难，一种内在的“黑暗面”。

讲得更清楚一点，当你习惯用这样的黑暗面去看待世界，你所看到的世界就已如你想象的这样黑暗了。

其实你们对彼此的了解还不够深

当你发现自己正处在这种信任真实关系的障碍中，请先提醒自己，把那个“黑暗的眼镜”摘下来。这眼镜上有太多的心灵杂质，会阻碍你在关系中与对方真实互动，也会阻止你去了解这段关系所唤醒的潜在记忆。

所以，当你有这样的觉察时，往往代表你们的关系里，还有更多深刻的故事尚未一起探索、分享，被彼此了解。但这也难免，你都被自己的黑暗困这么久了，哪有空间和对方一起去探索更深刻的潜在记忆呢？

然而，不管关系中遭遇过什么样的困难，当我们可以进入潜意识记忆，了解自己和对方为何如此时，那种发自内心的包容感才会浮现出来。

讲得更明白一点，即使你在亲密关系中曾经被虐待，在清楚这个人为什么这样对你后，你对他的感觉就不是只有恨，你会懂得他心底的哀伤，并且了解不是因为自己的毫无价值而让你被这样对待，你只是无意间扮演了这个人抒发内在哀伤的出口。然后才能以更清明的眼光去决定，是否还要留在这样的关系里，以及这段关系具有什么样的意义。

埋藏心底已久的一句话

“所以，你的黑暗面是什么呢？如果让你现在闭上眼睛，浮现在脑海里印象最深刻的画面是什么？”清楚这些阻碍之后，我问那位对改变感到怀疑的妹妹。

瞥见爸爸沉下来的脸色，妹妹小心翼翼地说：“我爸喝酒以后的样子非常非常恐怖。”

“恐怖，是指他会对你做什么吗？”我问。

妹妹叹了一口气，对着爸爸说：“你还记得吗？每次你一喝酒，总是对着我骂‘贱女人’，然后叫我滚出去。”

“你应该知道我在骂的不是你。”爸爸回应妹妹。

“我知道你在说妈妈，但我那时候还很小，根本没办法分辨。”妹妹说。

“分辨什么？”我问。

“分辨……我觉得我爸不爱我。即使他现在好像不喝酒了，但并不能改变他心底其实就是不爱我的事实。”妹妹又说。

“我怎么可能不爱你？你是我女儿！”爸爸反驳。

“如果你真的把我当女儿，根本不可能那样对我说，你虽然喝了酒，但你说的那些话是认真的。”爸爸和妹妹就这样鸡同鸭讲。没想到坐在两个人中间的姐姐，却突然做了一个令人意想不到的举动——她从自己的位置上站了起来，把妹妹推到自己的位置上，让她和爸爸坐在一起，姐姐自己则坐到妹妹原本的位置上。

“你干吗啊？”突如其来的举动让妹妹吓了一跳。

“有什么话就说清楚啊！你不讲出来爸哪知道？”这句话一说出口，还真有姐姐的样子。

“说什么啊？”妹妹提高音量。

“问他为什么不爱你啊！白痴都看得出来，你不在家这几年，爸有多想你，但他说破嘴你都不会信啊！你不如把心里的话跟他说说，这样下去到底要怎样？”天啊！暴食症的姐姐说这段话的时候，我简直想起立为她鼓掌。

于是，父女三人就这样你一言、我一语，和着吼叫声和眼泪，吵得我差点没夺门而出，却倾倒出这十几年来，放在心底已久的恩恩怨怨。

“我就是知道你过得那么辛苦，怎么能相信你的未来可以没有酒呢？你到底为什么依赖酒比依赖我还多啊？！”几番唇枪舌剑后，妹妹终于吐出这句话。原来，妹妹最怕的倒不是爸爸喝酒后怒骂她们，而是自己在爸爸心中的重要性，连酒都比不上啊！

“你还能跟‘酒’吃醋啊？”愣了一下，爸爸忍不住大笑，往旁边看，姐姐也在偷笑。

明白了女儿心里的黑暗面，爸爸报名参加了医院的戒酒团体。

他终于理解，所有关系上的问题，最终都是为了让我们回头面对自己心底的议题。

改变来自“懂得自己的行为为何如此”

人们会产生持久改变的关键往往在于：懂得自己为何行为如此——而让这份“懂得”浮现的媒介，则有赖于“关系”，将那些潜在的记忆唤回到能够与人对话、讨论的意识层面，被自我理解。

倘若，在一段关系中，唯有你去懂他，而他不愿懂得自己，对你而言这只是一种愚昧的忍耐。

但如果只有他来懂你，而你却不愿懂得自己呢？则是你对他的虐待了。

唯有两个人都存有“探索自己”和“了解对方”的诚意，才是一段平衡且得以长久维持的关系。

如果你正在这个过程中，不管面对的是家人、情人、伴侣、同侪……请给彼此的改变一点鼓励，也给自己和对方一点空间，说出内心深处的无法相信。

人生不能没有伴，这是与自己为伴的基础

两个人能互相了解，互相尊重，知道彼此都可靠，
不是由于一种单纯的爱情的信仰，
那往往是虚幻的，
而是由于多少年共同生活的经验，
多少灰色的，平凡岁月的，
再加上渡过了多少难关的回忆。
——罗曼·罗兰

“人为什么要谈恋爱呢？”爱情心理学的讲堂上，一个女孩举手发问。

“对啊！还有，人为什么要结婚呢？”另一个男孩也抢着发言。

“如果恋爱和婚姻都不必要，那你们又为什么会有这种问题呢？”我反问他们。

“比如说，我和男朋友恋爱三年了，一天到晚都在吵架啊！但就是分分合合，青春就耗在这里了。”举手的女孩接着回答。

“对啊！我爸妈也一天到晚都在吵架啊！吵二十几年了，吵到现在都没有青春可言了！”男孩也妙语回应。

“根据我们先前谈了这么多关系里的议题，你们觉得为何人们即使吵吵闹闹，还是要谈恋爱甚至走入婚姻呢？”我再问他们。

“我想，关系的意义应该是：即使吵闹，最后也在帮助我们更加认识自己。”另一位同学回答。

讲堂上开始出现一些掌声还有口哨声：“上课有在听，笔记有在抄哦！”旁边的同学笑着打趣他。

“如果具体来说，我们要如何透过‘关系’来更加认识自己呢？”有同学更认真地发问。

“首先你要能辨识哪些关系对你具有‘转化的潜力’。”我说。

关系里的六种配对

“什么是‘转化的潜力’？”同学又问了。

“‘转化’[①]是心理学家荣格的说法。在他的概念里，要先了解每段关系里的六种配对：

“第一，我意识上理解的我，和你意识上理解的你。这是一种社会化互动的关系，我和你只在意识层面以理相待。

“第二，我意识上理解的我，和我还未理解的潜意识的我。这是外在的我和内在的我的关系。

“第三，你意识上理解的你，和你还未理解的潜意识的你。这

① 荣格学派分析师默里·斯坦在《转化之旅：自性的追寻》中这样形容：转化是领悟、是天启、是突现，而不是自我改善，也不是变成更好或者更理想的人。转化是将与生俱来的自性，实现到最大的可能性。

是外在的你和内在的你的关系。

“第四，我意识上理解的我，和你还未理解的潜意识的你。在这种配对中，你很容易会把还未理解的内在的自己丢到我身上，我则会感觉负荷了你内在的负担。

“第五，我还未理解的潜意识的我，和你意识上理解的你。在这种配对中，我很容易会把还未理解的内在的自己丢到你身上，你则会感觉负荷了我内在的负担。

“最后是，我还未理解的潜意识的我，和你还未理解的潜意识的你。这是我们之间潜意识记忆的互动，也就是一种非理性的合而为一，在这个层次上，我们既受彼此吸引，却又互相排斥。对于亲密的人又爱又恨就是这个道理。”

“那么，‘转化的潜力’是在关系的哪一层呢？”

“‘转化的潜力’可以看成一种开展你对生命、对自己崭新视野的力量，通常指的是能走到最后一个配对层次的关系。这种关系带有潜意识互动的非理性基础，关系中的彼此有机会联结到对内在自我及整体生命都相当重要的心理意象。

“举个例子来说，一对夫妻去百货公司买了一台新电视。电视送来以后，先生细心地检查，发现屏幕上有几个损坏的黑点，于是说道：‘哎，怎么送来一台坏的！’太太一听到这句话，马上拿起电话打到百货公司专柜，生气地跟店员理论一番，最后百货公司又送来一台新电视，还送上一些小赠品。先生检查后，新电视果然毫无瑕疵，满意地笑了。太太看到先生开心，撒娇地钻到先生的怀里，两人开开心心地用新电视看了一部电影。”

“哇……”听完这个例子，讲台下议论纷纷，“好熟悉的例子哦！”“哎，我家好像也会这样嘞！”

聚焦你在关系中所注意到的一切

“所以在这个例子里，你们会注意到什么呢？”我问大家。

“先生发难，太太发火。”台下传来一句回答。

“观察精准！太太根本没感觉到电视有什么问题，所以她的生气是替先生发火，因此我们可以想象，先生看到电视有瑕疵的时候其实心里是火大的，但他表面上却只是温文儒雅地说了一句。”我说。

“还有还有，太太对店员发火的时候，态度很强硬，可是面对先生的时候，态度又很柔软，太太的性格有两面。”台下又有人跟着回答。

“哈哈，是的。当先生温文儒雅але潜在不高兴时，太太很快就接收到先生内在的讯息，然后立刻透过外在行动去维护自己的权利，等先生潜在的不高兴消失之后，太太则马上变回一个开心撒娇的小女孩。我们可以想象，这对夫妻的潜意识联结是很深的：太太很容易替别人反映潜意识的愿望，先生则不轻易表露自己的潜在想法。所以我们就会看到一幅鲜明的画面：一个冲动的太太和一个稳重的先生。”我又说。

“真是太不真实、太不公平了。太太好可怜哦！”台下有人为此愤愤不平。

“这个评价是从你自己的意识层面来说的。事实上，这位先生恰好帮太太彻底体验了强硬和撒娇两个面向的自己，对于太太来说，其中一个特质可能就是她平常的样子，而另一个面向则是不太常出现的样子，甚至可能是她还没真正认识的自己。如果太太能在意识层面去发现这件事，反而更能去探索、理解自己，没准后来得以超越了强硬和撒娇两个面向，出现一个天马行空但又很有原则的她——那么，这段关系对她来说就很划算。这便是关系里，转化的潜力。”

“所以在这种转化的关系中，您刚刚提到那六种层次的配对会重复发生对吗？”有人继续发问。

“是的，我的确这么认为。亲密关系其实非常复杂，要让关系发生转化的潜力，两个人的结合不能仅在意识理解的层面，也要发生在隐秘的潜意识层面，也就是接触彼此内在那个未知的自己。有心理学家把潜意识里未知的我称为内在的‘野性’①，即使我们用意识掩饰了各种内在的感觉，‘野性’仍然时时刻刻紧跟着我们——无论我们身在何处。所以你要有勇气，信任那些具有转化潜力的关系。”

---

① 见《与狼共奔的女人》，第一章《嚎叫：野性女人的复活》，克拉利萨·品卡罗·埃斯蒂斯著。

学习信任关系的勇气

“怎样才会有信任关系的勇气呢？”又有人问。

“要有勇气，就不要老想着‘我干吗要做这些事’，而要常常去想‘我做这些事得到了什么样的意义’，比如说，既然已经谈恋爱了，就不要去想自己为什么要谈恋爱，而是去想，你和这个人谈恋爱对你而言有什么意义。既然要步入婚姻，就不要在遇到挫折时总想着自己干吗要结婚，而是去想，我和这个人结婚，遇到这些挫折对我的生命有什么意义。

“荣格说，这就像你站在海岸边，看到海浪冲来了一顶破帽子、一个旧皮箱、一只破鞋、一条死鱼，你不要只想着‘真是荒唐，为什么这么荒唐’，而要去想‘这些东西凑在一起意味着什么’，生命才有开展的可能性。”

“那么，‘野性’开展之后又会怎样呢？听起来令人又期待又怕受伤害！”那个人接着问。

听到这个问题，我也很老实地坦白说：“关于开展‘野性’，我自己也才刚刚体验了一点点。只能说，那是一种很兴奋、很自由的感觉，特别是一开始，好像脑子一直在转动，很多创意和灵感会不断冒出来，会看见很多生命的希望。如果拿荣格的说法具体来谈，这种‘开展内在野性的关系’会激发你对未来新的想象，会让你重新整理过去的回忆，甚至让你找到努力工作的新方向。”

“哇哦……”讲台下的许多年轻孩子，流露出一种沉醉羡慕的表情，但也有现实感比较强的人说：“关系要走到这样，很不容易吧？”

“是的，不可讳言，要很有耐心，在荣格的研究里，这种体验甚至是人生下半场——也就是三四十岁以后才会发生的事情。倘若你从现在就开始培养这份耐心，找一段具有转化潜力的关系，长时间走下去，你们潜意识的亲密接触，会引导你们共享许多价值、态度和行为。你们会创造一种具有‘涵容’[①]特质的关系，就像一个容器一样，允许对方内在的真实不断浮现——不论是什么样的面向。长久之后，你们彼此一起整合出来的‘共同心象’，会引导你们前往心灵深处都共同向往的方向。

“比如说，如果你们内在都有对艺术和美的渴望，就会激发和扩大彼此的创意；如果你们内在都有对科学和知识的渴望，则会激发和扩大彼此认知层面的理解……你们会一方面享受和对方在一起，一方面又因为自己一个人而感到自由。心理学家称这种境界为‘能在别人面前忘我，却不因此而失去自我’，也就是‘与人为伴时，还能与自己为伴’的能力。”

这就是为什么——人生不能没有伴。

人生有人相伴，是与自己为伴的基础。因为陪伴，我们才知道何谓独处；因为全然依赖，我们才明白何谓真正的独立。

---

① 出自心理学家温尼科特（Winnicott）的概念，他认为一个“够好的母亲”就是能提供孩子“抱持”（holding）及“涵容”（contain）的环境。一个“够好的亲密关系”，亦是如此。

与自己为伴

一段真正的关系是……

不管发生什么样的问题，我们理解情感纠葛越深，表示我们潜意识记忆的互相涉入越深，意味着我们对彼此越重要。

所以我们愿意看到彼此心里那份对关系希望感的存在，愿意给彼此时间去探索我们压抑在心里的细微伤痛。

我愿意看到真实的你，你愿意认识真实的我，我们能用这样的眼光来看彼此之间的互动。

我们也愿意给自己和对方空间，即使在美好的改变中仍存在着质疑，因为事实上，很难有人完全信任着别人，正如同我们需要花一辈子的时间去学习相信自己。

然后我们就不知不觉改变了，人与人之间的关系变得如此深刻有意义，即使是痛苦的过程也带来一种理解的美好。

最后我们回到自己。是的，回到自己，学习把关系中获得的理解，转化为对自我的疗愈与安定。

深深享受着，在关系中，还能与自己为伴。

第四站

在关系中疗愈：从“我们”之间修复“我自己”

每个人心里都有一个不容侵犯的角落。
当你没办法尊重这点时，
它就会变成一种见不得天日般羞耻的存在。

每隔一段时间，我总会在一个突然想到的日子里，趁无旁人打扰的时候，静静地在自己的空间里，打开许多关系的回忆。

我会细数当下亲密的、爱着的人，抚摸相片里每一位家人的面孔。

我也会独自打开一个置于内心的藏宝盒，里面的每一个角落都有我曾经爱着的、恨着的、遗憾着的、后悔着的、眼看就要忘记的、不明就里的……每一段还在继续或已经画上句号的人与关系的回忆。

我记得小时候父亲曾经告诉我：你要知道并且允许每个人心底

都有一个这样的空间，这是属于那个人的不容侵犯的角落。

可惜很年轻的时候，我的心里常常容不下所爱的人有这样一个角落，我总想象这里面的秘密会在我和他之间树起一道藩篱。但我又无法否认自己心里确实有一个这样的角落，于是这个角落里的回忆，对我而言变成一种见不得天日般羞耻的存在。

我以为这叫作活在当下，直到我发现，原来是年轻的自己没有气度容纳别人和自我的过去，因为回忆总会勾起许多自以为是的伤痛。

我以为丢掉过往就可以跨步向前，却直到年岁增长才逐渐明白，我们总在等着那份能够坦然拾起回忆的勇气。

于是在无数次生活与情感上的大爆炸后，我躺上了心理分析师的躺椅①，遥想着一百多年前的弗洛伊德与荣格，鼓起勇气面对心里那个存放回忆的藏宝盒。

在心理分析师的躺椅上，我畅谈每一个浮上心头的面孔，诘问自己那些面孔的主人刻画在我心头上的意义。

随着每周穿梭在躺椅和现实间来回数次的脚步，我曾经陷入沮丧，也曾被注满仿佛要弹跳进太空的悸动。

数百个小时的心理分析历程过去，每一段爱着与恨着的关系都

① 传统的精神分析只透过一个方法——自由联想法。弗洛伊德对“自由联想法”的描述如下：让案主躺在躺椅上，自由自在地进行联想，将脑中浮现出的所有想法全部说出，不要删掉一些自以为不重要、无关联的内容，也不要对自己进行评判。在这种分析方法中，案主和分析师都以“坦率”的态度为基本前提。

在心里凝聚成一种对自我的醒悟。

啊……原来我是这样的人！

啊……为何我是这样的人？

生命的河流开始浮现不同的景色。

原来幻影不是幻影，真实不必然真实，相信的不见得永远存在，逝去的居然才是永恒。

这就是我如此享受着的躺椅上的日子，如此爱恋着的分析自我内在的时光。在这里，我终究开始学习在关系中与自己在一起。

你也许不见得会像我一样，躺进一个陌生的心理分析师的躺椅。

但请你千万不能放弃，躺上自我分析的躺椅。

那是一条通往自我理解与修复之路。

在现实里了解你的人

外面那些人，是在幻想里懂你；
身边这个人，则是在现实中了解你。

大学毕业后一年，我以一种离家出走的姿态闪入了婚姻，嫁给一个在网络上认识才没几个月的小伙子。仿佛还沉醉在童话故事里的小女孩，以为遇上了王子，从此就能过上幸福快乐的生活。

谁知，三个月的热恋期过后，婚姻里的日子几乎都在争吵中度过。我不只体会到家庭治疗师的名言："你得要熬过两百次激烈的争吵、四十次想要掐死他的冲动，你们才能成为真正幸福的伴侣。"（两百次？咦，这数字想来是被低估了吧？）还深深感受到电视剧《围城》提到的"围城心态"："围在城里的人想逃出来，城外的人想冲进去。对婚姻也罢，职业也罢，人生的愿望大都如此。"

还没嫁给他之前，我朝思暮想与他相守；嫁给他之后，我日日夜夜都在盼望一个人的自由。

青春一点点流逝，我恨他夺去了我最美好的时光，让我错失与别人相遇的机会。数年过去，第一个孩子呱呱落地，第二个孩子也在意外中到来。我的婚姻在动荡中战战兢兢地走着，充满了甜蜜与撕裂的极端痛苦。

当关系里充满美好的时候，我心里充满恐惧，不知道下一刻的暴怒何时来临。情爱纠葛与家庭牵绊下，我不禁问自己："这真的是你想要过一辈子的人生吗？"

结婚第七年，我终于和他提出离开这个家的想法。看着两个稚嫩的孩子，堪称幸福美满的家庭，我虽鼓不起全然的勇气，却仍试探般地说出这样的可能性。

相处多年，他早已明了我，只是轻描淡写地响应："噢？那你要住哪儿？"

"我想要有一个自己的小房子、小空间，我们假日还是聚在一起。不然，如果你带两个小孩太累，我可以带一个去。"我说。

"那你就找找看啊！如果找到喜欢的，我再陪你去看。到那时再说吧！"多年过去，他脾气已比当年好太多，听到我这种疯言疯语也知道淡定响应。

想当然地，我开始上网找房子，也的确找不到我心目中的小空间。这件事情就这样不了了之。（我后来才明白，当你心理上没有空间的时候，你所看到的外在环境，即使宽广也是一种狭隘。）

结婚第九年，我已经在社会上工作许久，遇到形形色色的人物。我到其他国家去，遇到许多同领域有才华的专家。

要知道，在专业领域待久了，有时会像服食迷幻药一样，会被专业腐蚀心灵。当与你有同样思维模式的人在你身边不停转来转去的时候，你会以为世界天生就应该是这副模样，没办法习惯有人不是这样。

至少我当时是如此。

我在专业领域里遇到一些比我资深的大哥大姐，盲目的崇拜情怀作祟，他们对我一举一动的行为剖析都让我感到惊喜不已，对我的包容更让我深深感动。他们的言语深入我心，打开了我对自己内在蠢动不安的思考。

我觉得他们深深地看见了我，内在的我，灵魂里的我，甚至是我不知道的我自己。

反观家里那位，他为何就不能像这些人一样跟我讲话呢？

夹杂着比较、幻想，我质问他为何不是这样的人，我控诉他为何总是看不到真正的我，我甚至指责他根本就把我放在工作之后！我万念俱灰，把自己想象成世界上最可悲的关系里的女主角。

但内心深处，有那么一个保持理性和觉察的角落，我知道自己的控诉、指责与想象有多么不合理。我陷入深深的哀伤，不是因为婚姻里的那个人怎样虐待我，而是我不断问自己："为何你总是无法感受到，你其实拥有的这样多呢？”

我甚至暂停在临床上再接个案，怕自己的扭曲毒害了案主的心灵。

我一边掩盖自己内在的哀伤，一边还要打起精神好好上课，于是我与人保持一个亲切但遥远的距离，搞到自己都觉得快得社交恐惧症了！

我再次问自己：“这真的是你想要的人生吗？”

“你去找答案吧！”看到我如此痛苦，他握着我的手说，“去找可以帮得了你的资源、帮得了你的人。”

于是我收拾起心底深不可测的包袱，走上心理分析之路。

在决定的那一刻，我第一个发现是：外面那些人，是在幻想里懂我；婚姻里这个人，则是在现实中了解我。他才能说出也许不是那么悦耳，但其实是我需要的话。

而我是一个活在现实而非幻想里的，人。

不是你有问题，是你的情感出了问题

当你没办法和别人好好说话，不是你有问题，
而是你夹带的情感出了问题。

在大学工作十几年，算一算，我居然待过九所学校！

这绝对不是什么丰功伟业，事实上，从换工作与换单位的频率，就可以看出一个人内在的稳定性。

所以我可以借此理解：我的内在，肯定是个动荡不安的人。

只是，问题出在哪里呢？

摊开有记忆以来的求学和工作经验，我细细回忆每一个阶段与人的关系。

我在老师眼中是个乖孩子，还是个令人头痛的孩子？噢，原来我是个很会靠转弯来求生存的孩子。

我在同学眼中是个怎样的朋友呢？噢，原来我对青春期的同伴好友有这么多怀念和遗憾。

我在老板眼里是个怎样的员工呢？噢，原来我以前给老板添了这么多麻烦。

原来……

在很多很多的“原来”中，我分解出一个在人群中“典型”的我的样子：那是一个坐在会议室里，躲在最靠近门口的角落，脸上面无表情，手心却悄悄冒汗的我，心里不断祈祷“别叫我讲话，别叫我讲话”。

啧！哪有人开会永远不用讲话的呢？即使准备周全，在开口的当下我仍然感觉到血液冲上皮肤表面的炽热。哎呀！我的脸是否红得发紫呢？天啊！我刚说的内容怎么那么糟？

为何我会如此？每一个环境下我都如此吗？如果有某些环境特别让我如此，旁边的那些对象是谁？

一层一层往下分解，像剥洋葱一样把内心的自己层层扒开，那些和我同坐在会议室里的人们的面孔越来越清晰……

是我在意的人，我常常在意比我年长的人，我在意比我年长且被我认为是有内涵的人。

原来我打从心底觉得自己是个没有内涵的人——骗不经世事的孩子还可以，这些年长有经验的人可是一眼就能看穿我的肤浅！

这种心灵深处的幻想控制着我，让我出现下列症状：

我变得不爱看书了，却偏执于买书。以为买书就可以把知识买进自己的心里吗?

我的学习变得三分钟热度。因为即使学习，我这种人还是不可能变得有内涵，何必浪费时间呢?

明明渴望着的学习，近在咫尺却变得难以亲近。我选择用幻想绑住自己，以符合那个坐在会议室里永远手心冒汗的自己。

“真是傻瓜！”心理分析师的躺椅上，我对自己大叫。

“傻在哪里？”分析师的声音从我后脑勺悠悠地传来。

“我不是个不能学习的人，是我幻想里的情感阻碍了我的学习。傻在……让我的幻想控制了现实的我！”我说。

我要感谢那些让我感受到手心冒汗、没办法好好说话的人。我终于理解，这不是因为我有问题，而是我夹带着的情感出了问题。

理解这点后，现在我每个月都可以认真地看几本好书，开会时也可以开口说话了。

虽然，我的话并不多。

“极度讨厌”比“稍微喜欢”更重要

那些你喜爱的人，是某部分的你自己，
那些你讨厌的人也是。

出游返家，回到自家门前的巷子，一辆轿车斜卧在路边，挡住大半马路，仅剩一条狭小的通道。车主正下车关车门，我身旁驾驶座的老公挥了挥手，请他将车子再往里头移一些。

车主停下脚步，望着老公犹豫了数秒，最后仍然离开轿车往对面公寓走去。我看他没有挪车的打算，摇下车窗，恰好听到路旁抱着小孩的车主太太用不耐的口气说：“这样不能过吗？刚刚有一台车就过了啊！”

此话一出，我一肚子火气冲上胸口，用质疑的口气问车主太太：“所以你这样停就合法吗？”

不顾老公的劝阻，我们两位太太就这样在路边争执了起来。那位车主趁乱赶紧去移车，老公通过后开到车主太太面前，对她说：“刚刚那样可能可以过，但是很挤，我怕会刮到你的车子。大家都是邻居嘛！不用这样。”接着也不管我们两个女人还没理论完，“谢谢哦！”老公说着便开着车进车道去。

车子停妥前，我还停留在刚刚与那太太争执的片刻，以及老公和那太太说了短短几句话后，她脸上瞬间缓和的神情。我心里不禁升起一种“我怎么那么幼稚”想撞墙般的悔恨。

“你以后遇到开车的人，要多包容他们一点，如果有一天你自己开车，可能会在路上给别人添很多麻烦。”老公对我说，“你想想看，那个太太会这么说，可能她也没有开车，所以不太有距离感。你也是一样，没有开车没有距离感，你也根本不知道车子到底能不能通过啊！你们就是两个‘没有距离感的人，在吵和距离有关的架’。”

若是从前，老公光说前面那段话，我可能就会解读成一种责备，如果我又在秒杀的速度内出口反击，便没机会听到他之后讲的那一段“距离感”的笑话。

但此时此刻我已知道要暂停下来往内心觉察，不再把自己做错事情的“羞愤交加”投射到外在世界，变成一种对人的愤怒，这让我开始产生一种反省能力。

反省，不是为了回过头来告诉自己有多幼稚、丢脸，而是去思考自己情感里面出了什么问题。

“如果这个太太在我摇下车窗的时候，说的是：‘不好意思，我马上挪开。’我可能会觉得很不好意思，干吗不多等人家一下。可是她那种态度又说那种话，简直就是做错事情又把错推到别人身上。那个样子我一看就讨厌。”在心理分析师的躺椅上，我重述了这件事情。从发生的脉络、细节，到我的感觉、我的想法、我想说的话。

“一看就讨厌？”分析师的声音悠悠传来，惹得我叹了一口气。说了一轮，我何尝不知道重点在这里？

“唉……对，一看就讨厌。好像看到自己一样，我觉得自己也常常犯错，然后死不认错。”我也幽幽地回答，“这不就是在别人身上看到讨人厌的自己吗？”

“嗯……虽然你常常很清楚地说‘讨厌’或‘喜欢’，但有时候‘讨厌’其实是‘喜欢’。或者说，到底是‘讨厌’还是‘喜欢’，你自己并没有很清楚，甚至有些时候，‘讨厌’和‘喜欢’是反过来的。”分析师又说。

“噢？什么意思？”我好像可以体会他说的，又好像不能完全体会他说的。

“比如说，你听到先生描述你和那位太太的互动后，你就笑啦！”

“哈，是啊！我们跟他们就住对门，如果不是在这种状况下遇到，说不定可以当好邻居、好朋友。”我回答。

“那就是啦！所以你看到的她也许不见得就是你讨厌的自己，也有可能是你喜欢的自己。喜欢和讨厌有时并不那么清楚绝对。”

这的确是，有时我们觉得讨厌万分的人，其实心里真实的感受是非常羡慕他。这是一种不愿意承认的喜欢，就像发现讨人厌的自己其实也有惹人喜欢的一面一样困难。

所以，“讨厌”和“喜欢”本就只是一种形容词，基本上没有任何好恶的意义。它仅仅是指一种“情感”，目的是让我们发掘这些情感背后的意义。

带着这个好大的发现，我迫不及待地拿出笔记本，写下我所遇到让我有“情感”的人：

A小姐——代表我心中有能力的母亲形象。

B先生——我心里权威者的代表。

C小姐——代表内在缺乏自信的我。

D小姐——代表内在生气时性格尖锐的我。

E先生——一种被竞争者消灭的威胁。

F……

“他人”对我们而言的重要性，是以“情感浓度”来衡量，而不是以“好恶与否”来判断。正如同你“极度”厌恶的人，其实比你“稍微”喜欢的人更加重要。

这些人身上都有你的影子，你对自己的看法。

互相憎恨里的彼此需要

即使是彼此憎恨的关系，
也是一种相互需要。

透过他们，我们正在拼凑一幅称为“自我”的拼图。

地铁上，一位女士坐在我右后方的爱心专座上，倚着扶手旁的墨色玻璃，身边空下一格无人的深蓝座椅。

站停，上来一位男士，一屁股坐上那格空位。顿时我听到右方女士的声音响起：“你干吗啊！你怎么往我身上靠？我要告你性骚扰！”音量之大，引来车厢里的诸多注视。

“你不照镜子看看，你有什么资格让我性骚扰啊！有病啊你！”男士不甘示弱地反击。

“你……我可以告你公然毁谤，我要叫警察。”女士更火了，扯开喉咙大吼。

“你叫啊！神经病，你有妄想症，去照照镜子好不好，谁会想要性骚扰你啊！神经病！”男士也把音量提高。

“谁神经病？我跟你讲我是有小孩的……”

两人就这样你一言我一语，连家里有几个人都拿出来讲，好像彼此之间有几世情仇一般。附近的乘客纷纷站起，避走到数米之外。我坐定看着手机，其实很想抬头看看这位女士和先生。

两人就这样从遥远的北方吵回市中心，大约半小时之后，男士才从那椅子上站起来说：“我懒得跟你计较。”然后扶向一旁的栏杆。

车厢到此时才完全静默下来。我和这位女士之间的座位已经空无一人，恰好让我能稍微抬起头看看她的模样。

两格座位的距离，我看到她眉头深锁下的哀伤，还有那盈满眼眶的心事。

站又停，人群上来，另一位男士坐在女士身旁才刚空下的座位。女士不再有任何言语或反应，就这样静静地在她的世界里。

倒是刚才与她对骂的那位男士，在站立的栏杆旁讲起电话，一边指手画脚，一边对电话另一头说着：“我就跟你说今天你应该要来接我，害我遇到神经病……”

站又停，女士和我在同一站下车。

当我们脚步交错在一起的时候，很神奇地我们目光相对。就那么几秒钟的时间，我忍不住对她说了一句：“没关系啦！话说出来就好了。”

然后我看到她忍耐的眼泪，流了下来。

这女士想必在坐地铁前发生了什么事吧？走出地铁站，我在心里偷偷地想。

正如同那位宁愿耗费半小时去争执的男士。比起安静地坐着，这两人的心里，也许更需要在那时那刻互相憎恨着。

萍水相逢的两个人，像遇上七世仇人一样，吵到其他乘客避走他厢——这个相逢替代了他们在现实生活中遇上的某些挫折，然后在那互相憎恨的冲突中，他们帮助彼此消耗了内在无法平静的能量。

希望离开那个片刻之后，他们能找到这份怨气的真实来源。

“保护”比“照顾”更容易

要让一个人去“保护自己”比较容易，
“照顾自己”则比较难。

弗洛伊德对“焦虑”的看法是这样的：

当你人格结构里的自我功能与原始欲望起冲突的时候，内在世界的空间受到挤压，就会产生不平静的波动。我们用心理学的语言来讲，这种波动就称为“焦虑”。

这些波动就像地层里的震动一样，大部分非常细微，以至于你的大脑、你所可以理解的“意识”不见得接收得到，但它仍然以一种不明就里的烦躁存在着。

为了对抗这些内在的波动，我们会无意识地使用一些掩饰、伪装，甚至欺骗来保护自己，以免在这种感觉里太过难受。

某天，我就深深体会到这种掩饰与伪装，是如此不可控制地发生着。

那是一个下班后的傍晚，我坐了好长时间的公交车，到幼儿园接到儿子时，天已经全黑了。正当我心系儿女，加快脚步去另一个地方接大女儿时，手机铃声响起。电话那头告诉我，校园有学生出了意外。

我就这样拉着儿子的手，站在人行道上和电话另一边的人讨论该如何处理此事。儿子毛躁地在人行道上摇摇晃晃，或站或跳，一辆从儿子身后疾驶而过的脚踏车差点撞上他。我看到这一幕的瞬间被吓坏了。同时，一位路过的太太对着我和儿子大叫："夭寿呦！你这妈妈怎么这么不负责任啊！儿子要被撞到了！"

我在惊吓中脸色早已惨白，挂了电话，看到儿子茫然无措的眼神，再听到这太太如此数落，心里一把火，噢不，应该是满腔的愤怒瞬间被点燃。我紧紧地牵着儿子，跟着这位太太的脚步，对她说："你怎么可以这样说话？你怎么可以在孩子面前这样说话？"

"你神经病哦！也不会看着小孩，讲什么电话？自己被撞死就算了！还不管小孩！"她也跟着大声起来。

于是我们一走一跟一讲一回。好长一段路的鸡同鸭讲，我心里却只剩下无比疲惫……

片刻之后，当儿子安坐在公交车上，我终于有空间脱离方才的愤怒，回到自己的内心深处。

无可否认的是，当我看到人行道上飞快的脚踏车，以些微的差距擦过好动的儿子时，我对那车生气，也对孩子生气。但这位太太指责我的内容却也提醒我，其实我对自己才真正生气，对下班后还发生如此之事生气。

若非我自己先有这些感觉，我不会将那太太的刻薄言语听入耳（或许也不会解读为刻薄），但一方面我又觉得委屈，觉得自己是个认真工作的好老师、好员工，怎可以遭受这样天大的误会?!

生气之下，真实的我正在难过委屈。

愤怒之外，真实的我正在自我责备。

而这一切，仿佛都被一个刻薄没水平的女人看出来了?!

所以第一时间我采取最容易的做法：保护自己，反击。

但其实我需要的是：照顾自己委屈和自责的心情，照顾儿子受到惊吓的心情。

伪装自己来“自我保护”竟是这样容易啊!

但这却让“自我照顾”变得更加困难。

双手一紧，我把头埋在儿子的身上，轻声问他：“你有没有怎样？被吓一跳吗？”

年幼的儿子早已脱离方才的情境，欢天喜地玩着书包上的小物品。他露出憨傻的笑容看着我，小嘴旁的酒窝随着点头而上下晃动。

“妈妈真的是被你吓一跳，吓了好大一跳。”我说。

他的小手勾住了我。

“真正感觉到”之外，还有“真正享受到”

不是别人不对你好，
是你根本没办法接受别人对你好。

我有两个小孩，老大都已经上小学高年级了，却是到这两年，我才真正感觉到：“哎？我好像真的是人妻人母了。”

噢，我用来评估“真正感觉到”的标准是这样的：前几年，所有和家庭、小孩相关的事情，我大多是用“庶务性的眼光”去看待，直到这两年，和家人孩子的相处才逐渐是一种“情感性的眼光”。

什么是“庶务性的眼光”呢？对我而言，就是老想着：什么东西做了没有？那件事情解决没有？例如：小孩饭吃完了没有？衣服洗好了没有？老公怎么还没回家？我要不要去帮孩子报个才艺班？事情怎么这么多？时间怎么不够用？

“情感性的眼光”则是注意到：小孩今天想吃什么？其实我今天好像不太想洗衣服？孩子是不是对那个什么有兴趣啊？老公我希望你回家帮我的忙啦！

这两者其实并没有对错、优劣之分。

只是，因为我们常常会在自己孩子身上矫正孩提时期与父母相处的经验，所以对我而言，和自己母亲之间“庶务”般的相处感觉，就会让我期待我与孩子的相处是充满“情感”的。（如果你在原生家庭的感觉和我相反，也许你从孩子身上期待的会不相同。）

因此我总对自己有这般要求：和孩子在一起的时候，就要贯彻执行“人在心也在”，要看着孩子、陪伴孩子，心思要完全在他们身上。

做父母的人可能明白，这根本就是天方夜谭。

但偏偏，我就是这么想。

“你的超我门槛好高哦！”听到我谈这件事，分析师给了我一个带有惊叹号的语句。

“超我”是来自弗洛伊德的心理学概念，指的是人格结构中的道德标准，也是我们对自己的要求，它源自早年父母对我们的教导与要求，也是一种我们理想中的或修正后的父母。

如果你敬佩喜爱你的父母，你可能就会以他的模样为自我的标准；如果你对父母有所不满，你就会期许自己成为他们修正后的模样。

“是吗？‘父母人在心不在’对孩子来说是很痛苦的，我觉得自己本来就应该跟孩子在一起的时候，就是全然地跟他们在一起。我自己没有被这样对待过，但我的孩子值得被这样对待。”我回应她。

“很好啊！你愿意这样对待孩子。但我不知道你有没有感受到，同样地，你在这里的时候，我也是这样对待你的。”她一字一句，诚恳地对我说。

我好像没有听到这句话一般，继续描述我觉得父母当年对我怎样，而我觉得自己应该如何对待小孩……

几次谈话之后，她定格在这句我没办法接收到的话上：“嘿，你有听到我的问题吗？你是否感觉到，当你在这里的时候，我是全然跟你在一起的？”她问。

这么认真的语气，让我不得不停下来：“我真的不记得你之前说过这句话，不过现在我听到了。”我回答。

“听到以后有什么感觉呢？”她又问。

说真的，我只感觉到掌心一阵凉：“我全身鸡皮疙瘩都起来了。”我举起双手，“我觉得你说这句话有点恶心。”我老实地说。

“哈哈！”她的笑声穿进我的耳膜，我忍不住也对自己感到好笑。什么？恶心？情感性的对待，全然地在一起不就是我对自己的要求吗？怎么别人这样跟我说（也确实这么做）的时候，感觉这么奇怪？

“说真的，我不知道你这样全然跟我在一起，我要怎么回报你？”往这个笑声探索，我摸到了心里真实的感受，“我宁可你对我要求很多，什么时候该来、没来还是要收钱……你突然好像对我很好，我就实在不知道要怎么跟你相处。”

是的，不是只有不相信而已，说穿了就是一种不习惯，大大的不习惯。我不得不承认，防范人与人之间尔虞我诈的对待比较容易，感受到别人真心的对待却是如此困难。这到底是多少自以为是的创伤所堆积起来的呢？

“唉……”我叹了长长一口气说，“我承认，你‘最近’确实对我很好。”在这个心理分析的空间里待了超过两年，我终于能发自内心说出这句话。

神奇的事情发生了，在我愿意看见她的善意之后，不知道哪来的灵光乍现，我突然注意到这个相处七百个日子以上的小空间里多了两棵盆栽！“那棵树什么时候放在那里的？”我问，“哎，旁边还挂了一幅画？”

“它们在那里很久了。”她说。

“什么?!我怎么都不知道?!”我惊呼。莫非这么久以来，我的世界里是如此容不下其他人事物？莫非如此要求情感性对待的我，是如此无法接收到别人的情感？

那天夜晚，家里的客厅，两个孩子跑跑跳跳，喧哗着、嬉戏着。窗子开着，风就这样随着花香飘了进来，老公坐在身旁，一如往常地吃着他的晚餐，眼睛盯着电视屏幕……

如此平凡的一刻，我心里感受到无比踏实的平静与幸福。

在“真正感觉到”之外，原来还有“真正享受到”。

“爱”没什么了不起，只是一种价值观

“爱”不是什么特别了不起的事。
但它是一种人生价值观，让我们对人事物有热情，对自己有活力。

校园里闯进一位过去曾在大庭广众下持刀挥砍的校外男子。和他有过交集的人们开始陷入警戒状态，相关人等聚集起来讨论，该如何预防可能发生的危机。

通常，在这种状况下，专业人员会先摒除几种可能性：

其一，精神疾病与人格违常。

其二，滥用药物毒品。

其三，最近发生过什么重大压力事件。

但除此之外，我认为更值得关注的，则是这些“孩子”[①]在社

① 请容我称呼这些人为“孩子”。因为不论他们年纪有多大，会出现某些过激的举动，往往是因为心底还有一份未被关注、未能成熟的幼稚。

交人际上普遍存在某些问题。他们和家庭往往疏离淡漠，或是有些误解鸿沟。

多番沟通后，男子的母亲被我们请来。在办公室的长沙发上，倾诉儿子的过往事迹，流下源源不绝的眼泪。

高考失利、父子冲突、自杀未遂、同侪排挤……

一个个好像前后连贯、互相呼应的故事，我知道这位母亲的眼泪是为了说服我：儿子是个好人，他行为失序是有原因的！

“当然，我相信他这么做肯定是有原因的。”听了母亲的话，我说，“但是如果你纵容他用这些原因把自己困住，他就一点改变的可能性也没有。他会继续灰心丧志、怨天尤人，把这些过错推到别人身上，作为他可以去骚扰和伤害他人的借口。回过头来，最难受的人还是他。因为尽管他看来好像如此危险，他的所作所为却只是想要去亲近别人，而不是要让别人离他更远。”

母亲沉默下来，约莫是同意我说的话，才刚做完白内障手术的眼睛泪潸潸。

“虽然你如此为他奔波，如此想要替他收拾所有他闯的祸，很抱歉，我认为现在的他，心里一点都感觉不到你对他的爱。”我直言相告，因为自己也曾是“无法感受爱”的重度患者。

“怎么办？怎么办？我不知道该怎么办……”母亲的眼泪再度喷发。

“‘感觉不到爱’，你就当他是心理生病了吧！就像身体会生病一样，心理也会生病。生病了有什么关系呢？感冒了看内科，心理生病了看心理医生，把它治好不就好了吗？”我拍拍妈妈的肩膀安慰她。

半小时后，这位男子也踏进了我的办公室——当然，这并非是因为他柔顺听话，请他来他就愿意来。而是我们理解他想要亲近校园、想要亲近某些人的想法，和他打赌交换的条件——若他能让自己的心理状态恢复稳定，我们就帮他和他想亲近的那些朋友办一个“交谊派对”。

初次见面，他上下打量我，眼神里充满冷漠与防备。对我来说，我在他的眼神里读不到任何爱与温暖，以及对生命的希望。

“我十八岁那年，就没打算要继续活着。”果然，他坦诚地说。

我算算时间，恰好是他高考失利，引发父子冲突的那年。

“骗人，如果你不是那么在乎高考和你爸，你才不会有这种打算。你只是不知道怎么面对你的在乎而已吧！”我说。

“你乱讲。”他反驳。

“我哪有乱讲，不然你为什么连你妈的眼睛都不敢看？有胆量把你刚说的那句话再跟你妈说一次啊！”

他的气焰消了下去，面对母亲，他支支吾吾的。倒是那母亲像是受了鼓舞一样，也跟着我问同样的话：“你告诉妈妈啊！你跟妈妈说你不想活了啊！你说啊！你说啊你！”

他眼神依然淡漠，话却一句也说不出来。人在放弃希望的时候，最怕的就是爱的呼唤，最渴望的却也是爱的呼唤。

“你妈妈前几天刚去做了白内障手术，我看为了你，她都快哭瞎了。”母子俩开始互动，这时候我只能当旁白了。

“我只是不知道自己怎么再活下去。”他说。我总算听到一点点，就那么一点点还有一丝丝情感的话语。

“怎么，是觉得自己所作所为太幼稚了，所以不知道怎么活下去？你有胆量就起来跟那些人说，你会有成熟的一天。不要光会欺负你妈。”母亲非常有胆量地痛骂她儿子，但那里头却是浓浓的母亲对儿子的爱。

大约两小时之后，他签下了这样的心理契约：

第一，他不再寻死。（因为他其实还有许多心愿未了。）

第二，他要去就医。（生病了，就要给自己一个机会看医生。）

第三，几个月内，他不会再进校园。

我们约好，等他状况稳定的那天，我们开着派对等他。

折好这张白纸黑字的“合约”，我请他母亲妥善保管。在离开办公室的前一刻，我终于看到这个母亲不能自已地扑上去环抱她的儿子。

三个月后，我接到他母亲打来的电话，她告诉我，他现在正在稳定就医。

而我也想告诉他，我时时刻刻都等在这里，准备实现那个要帮他举办的派对。

“爱”没什么了不起，虽然我们常常在那里等待着，有一天它会轰轰烈烈地降临。

等不到爱的时候，我们以为生命没有了活力和希望。

但其实，“爱”是一种可以学习的价值观与能力，它的秘诀，就只是“信任”这么简单而已。

“如果你信不了你自己，别人也同样无法去相信你，如果你爱不了自己，别人也不会知道如何爱你。”这是他那天留给我的最后一句话。

尾声

荣格思想给人生上下半场的启发

给人生上半场

人生上半场的英雄之旅，

我们在寻找自己的舞台和所爱的亲密关系。

作为一个人，我们不能创造自己的父母、精神支柱、爱人与朋友。生命赋予我们这些，同时又把他们带走，而人生最大的难处就是要对这样的生命说："是的。"[1]

对生命处境坦然说"是"，总是困难，特别对处在人生上半场的年轻人来说，更是困难。他们可能因为无法对这样的生命说"是的"而选择自我放弃。

如果你身为他们的师长、父母，有两种反应会让你成为他们自我放弃的同谋：

一是你不懂他的痛苦，你谴责他；

二是你不愿表达对他的关心，让他误以为你也放弃了他。

拉他们一把的方式是看到他们的生气、愤怒、玩世不恭背后，那颗心正因为无法理直气壮而发抖，颤抖会从手脚、从毛孔传递出来。如果是真正珍爱他们的人，总会看得到。

年轻人为了生存，长成一个大人的模样，但真正精彩的是：这个大人的"壳"下面到底躲藏了什么。

青春的历程是：从内在心灵以外的现实角色上寻找认同，然后花个一二十年的时间，沾染上这些年轻所认同的影子，形成一个仿

① 见《英雄之旅：个体化原则概论》，绪论《展开英雄之旅》，默里·斯坦著。

若大人的“壳”。

为了创造这个“壳”，我们都曾经好努力，好努力，好努力……以至于即使时间到了，仍然不敢轻易将它脱掉。

这样的年轻人有两项特征：

其一，过于顺从，不敢将自己的意见发声；

其二，过于圆滑，看着别人的脸色就转弯。

如果你遇到这样的年轻人，不要因为他的乖顺而感到欣喜，记得提醒他：如果感觉时候到了，就要勇敢脱壳而出。他们蠢蠢欲动的心灵只欠一句鼓励而已！

如果成长中没有找到合适的认同对象，基于心理补偿，我们会创造出一个自我膨胀的人格。

当年轻的生命找不到合适的认同对象时，他们分裂成两种典型的模样：

其一，因为害怕不被别人认可而显得懦弱；

其二，以自大的姿态指使他人的张牙舞爪。

但这两种表现都是融入社会的障碍与恐慌：张牙舞爪是懦弱的虚张声势，懦弱的心里可能才充满愤怒。

如果你是这样矛盾的年轻人，你要勇敢看到这点，并且说出来告诉你自己，如果迫不得已一定要蒙骗别人，起码可以对自己诚实，不用当一辈子的大谎言家。

如果你是他们的师长、父母，痛斥他们表面的样子并没有用，这只会助长他们张牙舞爪的气焰和懦弱的卑微，让他们内在产生更强大的愤怒。他们需要的是你响应他们心底的另一面，那些他们明知存在，却深感恐慌的真实的自己。

父母塑造了儿女，而儿女最核心的挣扎，则在摆脱父母的认同，把自己和父母区分开来。

一对慈爱宽容的父母可能让我们的前半辈子恍如上天堂，一对尖锐伤人的父母却不一定就会让我们的前半辈子下地狱，他们的爱和伤人同样塑造了我们，在血液之下深不可测的心灵底层。但不管是上天堂或是下地狱，我们的成年礼都在把自己唤回属于自我的人间。这是一种好大好大的挣扎，需要好深好深的醒悟——

当你是儿女，你有没有这个勇气承认："爸妈，其实我需要离开你们去寻找自己。"然后面对他们对你不再如此听话的哀伤？

当你是父母，你有没有这个雅量接受："挣脱你的影子"，也许才是孩子最深的需要？

当感觉到内在有一个恒久愤怒的少年，代表必须把自己从严厉负向的父母情结中解放出来。

一个时常感到愤怒焦虑不满的人，心底总住着一个严厉的父母形象，让他们不自觉用苛刻的标准来检视这个社会、世界，还有自己。但其实他们比谁都对“无法改变”感到颓丧。

直到有一天，他们终于知道：改变最大的困难，在于你想设法改变的并不是现在的父母，而是过去曾经严厉对待你的父母；他们终会发现，这实在是不可能的，“过去”永远无法存在于“现在”的时间轴而发生。

那些“想要改变过去”的期盼，荒谬如同“想要去五金店买牛奶”的心愿，阻碍了关系发生和解，也阻碍你发现世界的改变。

没有所谓“真实人格”的衡量工具，只有“更确定的人格”。它会让你更清楚地说“要”或“不要”，而不会因此感到心慌。

什么是真实的我呢？

我们可能一辈子都在探寻这个答案，却永远没有机会获得确定的答案。

没有人能否认“真实”的重要，却没有人能教我们该如何衡量。

但是透过这些人，这些在我们身边的人，我们却可以懂得什么叫作“更靠近真实”。

那就发生在你能更清楚跟他们说“要”或“不要”的时候，掂掂自己的心头，发现恐慌的程度居然开始减少了！

是的，也许这就是“更确定的人格”的方向了。

当我们接触到自己的本能，你会知道的。

每一个接触到自己本能的时刻，总是这样跌跌撞撞地就进来了，就像长大的孩子突然身高足以够到打开柜子，了解父母藏在柜子里的秘密。

你可能感到兴奋，但那不是最重要的，因为本能不会只是为你带来快感，它还会创造某些人生的灾难，比如你突然想转系、想转行、想去新的国度、想坐火箭上外太空……

别人可能会笑你异想天开，笑你不自量力，或者因为你的发梦而担忧，但你只要保持两个原则：

其一，相信你的直觉，根据求知的渴望而行动；

其二，不要因为获得一点小确幸就沉溺其中，想要重复那些让它发生的轨迹。

人生下半场的生命转化可能就发生了。

给人生下半场

人生下半场的转化之旅，

我们不再受制于对别人的感受，逐渐将注意力返回自己身上。

如同昆虫蜕变，人生的转化也受生物因素的制约，中年是蜕变启蒙的最高点，那个不一样的你就要诞生了，关于知觉的、态度的、价值的和生命意义的。

到了生命中场，我们逐渐在“成为什么”中感受到“成为什么不再让我如此满足”，以为是荷尔蒙或其他什么作祟，忧郁沮丧悄然发生。

不管是孩子、伴侣或朋友，这份心情好像没有人真的能懂，想紧握着什么，青春的尾巴却那么难以掌握，工作和肉毒杆菌的吸食效应渐渐麻痹了，惆怅啊，却还是存在。

如果你在这种感觉里，可以这么做：

首先，找到一项你可以超越对他人的依赖独立完成的事情。

其次，感觉这是否引燃你对生命的全新热情，若否，再找一项，再找一项，直到你完成这个关注自我的任务为止。

然后不要忘了：“痛苦”是我们认识自己热情的解药，走到谷底后，生命的路就是上坡。

如果有人希望保持青春的愿望不合理地过度拉长，那么你反而可能错过生命转化的适当时机，就像一只过老毛毛虫的悲哀是，明明年岁到了，它却不想变成蝴蝶。成熟啊，在于勇于放弃内心不食人间烟火的永恒少年。

当掌握不住岁月的时候，我们用怀念过去来哀悼逝去的青春，哀悼那个失去的、可以痛快自由的年轻的自己。

但有些人、有些事、有些回忆，真的是需要靠时间的流逝和沉淀，才看得清楚里头的意义是什么。

有些人、有些事、有些回忆，过了那个片刻之后，才发现原来里头的元素和自己原先想的不同。才发现，原来那些人、那些事、那些回忆，并不见得需要如此执着。

所以关于人生下半场，大前研一说得好："这个年龄已经不允许不成熟，当你无力把握命运中的某种爱、某种缘、某种现实，就要学会放手。给自己一个全新的开始，只要信心在，勇气就在；努力在，成功就在。"

不要因为执着于不可能再重来的青春，延误了你蜕变的时机，变成一只自以为青春的过老的毛毛虫。

当人生遇到充满混乱而失去方向的爆炸性时刻，比如离婚，失去所爱的人……却可能才是跨向生命蜕变转化的起点。然而，这个过程可能要花上数月，甚至数年。

每一个痛苦的事件，会为人生带来至少一个以上具有蜕变性的意义。

我们对于生命蜕变转化的需求，一旦开启，就没有一个"完成了”的终点，正如生命的苦难永远也不会真正结束。

如果你接受这一点，你会发现所有的一切都是有意义的，正如你的生命是如此有意义的。

如果你否认这一点，你永远只会看到自己的悲哀与不幸。

要朝向心灵的探索与整合，某种程度的病态是需要的。

病态能引发生命的灵感和创造力，在许多杰出人士身上获得证实：作家安徒生如此，弗吉尼亚·伍尔夫如此；音乐家肖邦如此，莫扎特如此；科学家爱因斯坦如此，哥白尼如此……

他们的故事告诉我们：某种程度的病态不需要压抑，但可以升华[1]。保持一种不至于失控的病态，除了看医生之外，更重要的是要找到心灵得以仰赖的事物。那么，病态不一定要在忍耐压抑后才漫无止境地爆发，它也可以用一种十分优雅的姿态呈现。

转化会经历一场剧烈的内在断裂，所以找一个安全的庇护所变得如此重要。

毛毛虫在蜕变为蝴蝶之前，要先找到一个可以安顿“假死”状

① “升华”（sublimation）乃弗洛伊德取自炼金术，指的是将社会所不容的冲突与欲望转化为社会所允许的活动中——特别是某些具有创造性的工作，也就是以另一种方式来呈现自己，以降低内在的紧张焦虑，是最健康的心理保护机制。

态之所，把自己包裹起来接受庇护。

如果你看过它们在“蛹”的遮蔽中蜕变的画面，你会看到那包裹中的蠕动是如此剧烈，仿佛将所有骨头肢节打碎以后再重组。

若不是因为那合适的安全庇护所，剧烈的断裂如何承受得住？

人们迈往中年之后自性追寻的诀窍也是如此：也许不必然在形体上要与人、与世界全然倚靠，但在心理上存有一个安全所在却那么重要。

为了你的人生下半场，不管是朋友、伴侣，还是孩子，就从现在开始建立关系吧！

如果我们活得够久，我们就会成为自己，但那个成为的自己并不总是我们当初想的那样。不是我们去挑选自己的本性，是自性呼唤并拣选着我们。

年轻的时候，我们心里总有一个想成为的自己，或者一个不想成为的自己，一份“理想自我”的错觉，引导我们前行的企图心。

到了人生下半场，我们已经逐渐可以分别，什么是现实、梦想和理想。

理想是理论上的想法，是存在于想象中的人生指引，不需要达到。

能激发热情的事情才叫梦想，这些事情光是想做就能获得快乐。

现实不是不能达到的无奈，是时空自然赋予的状态，它的目的在于教会我们自由和自在。

现实、梦想、理想，加起来就是有高低起伏，有痛苦才能感受美好的人生。

心灵不只是早年经验、大脑或学习，而是一个“视野无限”的终极名词[1]。

我自认道行还不足以描述心灵的具体经验是什么，但我知道：如果你相信科学，就从科学探索；如果你仰赖学习，就从学习入手；如果你信奉早年经验，就从早年经验深入……

心灵就是存在于我们胸怀旦的一本大书，当你这样信任地走下去，往那些值得信任的方向走下去，有一天，你会更接近“视野无限”的状态。

抗拒生命转化之人，怕老；朝向生命转化之人，享受老。

于是很多以前不懂的事情，你发现自己开始懂了。

---

① 见《英雄之旅：个体化原则概论》，第二章《个体化中的灵启经验角色》，默里·斯坦著。